WELT DER ZAHL

Mathematik lernen mit allen Sinnen

3. Schuljahr

Herausgegeben von
Prof. Dr. Hans-Dieter Rinkens und Kurt Hönisch

Bearbeitet von
Helmut Bublat, Prof. Dr. Jürgen Floer, Kurt Hönisch, Claudia Neuburg,
Prof. Dr. Hans-Dieter Rinkens, Günter Schmitz und Gerhild Träger
in Zusammenarbeit mit dem Verlagsbereich Grundschule

Die Länderausgabe wurde erarbeitet von
Uwe Geisler, Dreieich
Karl-Heinz Gilsdorf, Bad Kreuznach
Kurt Hönisch, Frankenberg
Ilona Barbara Kuhl, Koblenz

Schroedel

Welt der Zahl 3
Mathematik lernen mit allen Sinnen

Mathematisches Unterrichtswerk für die Grundschule
Begründet durch Prof. Dr. Wilhelm Oehl und Prof. Dr. Leonard Palzkill

Aufgaben mit 👥 sind Aufgaben, die in Partnerarbeit gelöst werden sollen.

Aufgaben mit 🔍 sind Aufgaben zur Differenzierung.

Aufgaben mit 🔑 bieten die Möglichkeit zur Selbstkontrolle. Lösungsschlüssel auf der 2. Umschlagseite.

Aufgaben mit 🗃 fordern auf, eine eigene Sammlung von Sachaufgaben anzulegen.

Zum Lehrgang sind lieferbar:
Arbeitsblätter   Best.-Nr. 3-507-45773-3
Praxisbegleiter   Best.-Nr. 3-507-45783-0

Weitere Materialien aus der Zahlen-Werkstatt erhalten Sie unter folgender Bestellnummer:
Ganzheitlich unterrichten – Materialien   Best.-Nr. 3-507-45033-X
Kostenloser Ordner zu den Materialien   Best.-Nr. 3-507-45043-7
(Nur in Verbindung mit Materialien-Bestellung)

Lieder zum 1. bis 4. Schuljahr (CD)   Best.-Nr. 3-507-45038-0
Lernsoftware 3./4. Schuljahr   Best.-Nr. 3-507-45044-5
Handpuppe Zahlix   Best.-Nr. 3-507-45041-0
Handpuppe Zahline   Best.-Nr. 3-507-45042-9

Bildquellenverzeichnis:
Seite 18/19: Ponyhof – Tönnies; Seite 38: Englische Schuljungen – Cardno; Seite 39: Bus – Edelhoff; Seite 47: Elefanten, Löwen, Schimpansen – Angermeyer; Seite 52: Schwalbenschwanz, Ahornblatt – Jung, Hilchenbach; Jet vor Sonne – Dr. Müller, Zefa; Strohstern, Sonnenblume – Tönnies; Holstentor – Mader, Bavaria; Seite 55: Kleiner Eisvogel, Bläuling, Tagpfauenauge – Pfletschinger, Angermeyer; Biene – Struck, Silvestris; Seite 65: Mühlenkopfschanze, Fremdenverkehrsamt Willingen; Seite 72-73: Radrennen; Seite 90: S-Bahn – Kirsche, Deutsche Bahn AG, Berlin; Seite 98 alle Fotos: Danmarks Turistråd: Kleine Meerjungfau – Roeden, van; Strand bei Løkken – Stenberg; Nyhavn-Bjerregaard: Humlebæk – Winther; Königliches Theater – Schytte; Sønderborg – Akhøj; Svendborg – Sommer; Seite 99: Küste bei Skagen – Schytte, Danmarks Turistråd; Schloss Amalienborg – Ferchland, Danmarks Turistråd; Gaukler in der Strøget – Krogh, Danmarks Turistråd; Seite 106-107: Rheinlauf – Touristikgemeinschaft „Im Tal der Loreley"; Deutsches Eck, Festung Ehrenbreitstein, Loreley, Burg Stahleck, Pfalz bei Kaub – Fremdenverkehrsverband Rheinland-Pfalz e.V.; Seite 114: Katze – Tönnies

Kartenverzeichnis:
Seite 68: Frankreichkarte, Seite 96: Dänemarkkarte, FRD, Berlin

Copyrightverzeichnis:
Seite 2-3: „In Paule Puhmanns Paddelboot" von Fredrik Vahle; Aktive Musikverlag GmbH, Dortmund

ISBN 3-507-45763-6

© 1999 Schroedel Verlag GmbH, Hannover

Druck A 5 4 3 2 1 / Jahr 2003 2002 2001 2000 1999
Alle Drucke der Serie A sind im Unterricht parallel verwendbar, da bis auf die Behebung von Druckfehlern unverändert. Die letzte Zahl bezeichnet das Jahr dieses Druckes.

Illustration: Marion Kreimeyer-Visse; Angela Weinhold
Fotos: M. Frühsorge; Fotodesign Funck + Heise
Satz-Repro: Satz-Zentrum West GmbH & Co., Dortmund
Herstellung: Universitätsdruckerei H. Stürtz AG, Würzburg

CHLORFREI

Gedruckt auf Papier, das nicht mit Chlor gebleicht wurde. Bei der Produktion entstehen keine chlorkohlenwasserstoffhaltigen Abwässer.

Inhaltsverzeichnis

Wiederholung und Vertiefung Addieren und Subtrahieren auf eigenen Wegen 2 – 8
Einmaleins-Reihen 9 – 11
Rechnen bis 200 12 – 17
Sachrechnen 18 – 19

Auf dem Weg zur Tausend Bündeln mit verschiedenen Materialien 20 – 21
Stellentafel 22 – 24
Orientieren im Zahlenraum bis 1000 25
Meter und Kilometer 26 – 27
Rechnen am Zahlenstrahl 28 – 29
Rechnen mit großen Zahlen 30
Quersumme 31
Addieren und Subtrahieren 32 – 33

Gewicht Gramm und Kilogramm 34 – 37

Rechnen bis 1000 Addieren und Subtrahieren in zwei Schritten 38 – 41, 43
Geld 44 – 45
Liter 46
Erstaunliches von Tieren 47

Geometrie *Würfel bauen* 50
Falten und Schneiden 51
Spiegel-Symmetrien 52 – 53

Größen Längen messen 54 – 56
Rechnen mit Kommazahlen 57

Schriftliches Addieren Schriftliches Addieren 58 – 62
Überschlag 63
Geld 64
Sachrechnen 65

Einmaleins der Zehner Einmaleins-Reihen 68 – 71
Sachrechnen 72 – 73
Dividieren durch Zehner und durch Einer 74 – 75

Geometrie *Flächenvergleich* 78 – 80
Sachrechnen 81
Flächen auslegen 82 – 83

Schriftliches Subtrahieren Schriftliches Subtrahieren 84 – 88, 93
Rechnen mit Kommazahlen 89
Sachrechnen 90 – 91
Überschlag 92

Multiplizieren und Dividieren Multiplizieren von zweistelligen Zahlen 96 – 103
Rechnen mit Kommazahlen 104, 108
Sachrechnen 105 – 107
Dividieren 110 – 112
Sachrechnen 114 – 116

Übungsteil 118 – 126

In Paule Puhmanns Paddelboot

In Paule Puhmanns Paddelboot,
da paddeln wir auf See.
Wir paddeln um die halbe Welt,
a-lo-ha-ho-ha-hee!
Guten Tag, auf Wiederseh'n.

1 Die Reise startet in _____.

2 In a) _____, da winkte uns
die b) _____ zu.
Die fragte: „Darf ich mit euch mit?"
„Na klar, was denkst denn du!"
Bom Dia, Adeus!
Guten Tag, auf Wiederseh'n.

3 In a) _____ war es furchtbar heiß,
da stieg der b) _____ zu.
Der brachte Apfelsinen mit,
die aßen wir im Nu.
Buenos dias, hasta la vista!
Guten Tag, auf Wiederseh'n.

2

1
88 + 8 = <u>96</u> D
36 + 6 = ___
90 + 9 = ___
49 + 7 = ___
74 + 4 = ___
95 + 5 = ___
18 + 6 = ___
39 + 1 = ___
28 + 8 = ___
58 + 5 = ___
87 + 9 = ___

2
a) 100 + 8   b) 26 + 10
18 + 10   33 + 30
34 + 30   50 + 40
26 + 30   20 + 60
49 + 50   22 + 20
30 + 40   10 + 30
16 + 20   30 + 6
40 + 0

3
a) 20 + 28   b) 58 + 50
98 + 10   30 + 12
10 + 26   56 + 40
23 + 40   50 + 14
15 + 30   10 + 18
20 + 22
10 + 53

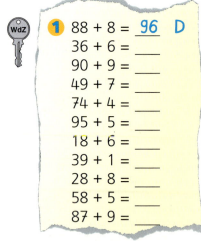

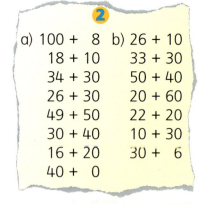

Mit diesem Geld haben wir bezahlt.

4 Und in a) 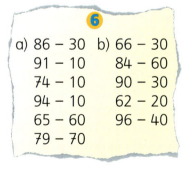 war'n wir auch,
da kam die b) _____.
Die brachte Tintenfische mit
auf einem großen Teller.
Buon giorno, Arrivederci!
Guten Tag, auf Wiederseh'n.

5 Und rund um den Olivenbaum,
da tanzten wir im Sand.
Wir nahmen den Wasili mit,
das war in
Kalimera, jassu, jassu!
Guten Tag, auf Wiederseh'n.

6 Dann fuhr'n wir weiter über's Meer,
bis hin
in die a) _____
Von da an war'n auch b) _____
und die Ayse mit dabei.
Merhaba, güle, güle!
Guten Tag, auf Wiederseh'n.

Text: Fredrik Vahle

3

4

a) 52 – 7	b) 66 – 6
65 – 9	41 – 5
44 – 8	73 – 9
12 – 9	54 – 9
51 – 6	70 – 7
45 – 3	50 – 8
12 – 5	48 – 8
	40 – 0
	40 – 4

5

100 – 30
84 – 20
85 – 40
55 – 50
100 – 0
32 – 30
92 – 50
93 – 30
100 – 60
14 – 10
87 – 80
96 – 0

6

a) 86 – 30	b) 66 – 30
91 – 10	84 – 60
74 – 10	90 – 30
94 – 10	62 – 20
65 – 60	96 – 40
79 – 70	

Auf eigenen Wegen zum Ziel

43 + 28

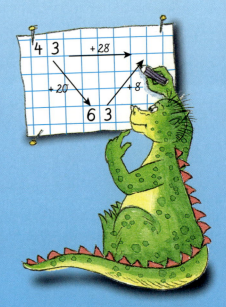

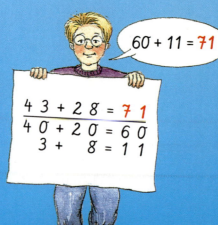

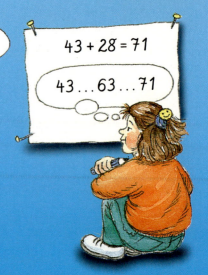

a) 35 + 40
27 + 15
12 + 18

b) 34 + 34
60 + 39
25 + 45

c) 14 + 57
46 + 23
17 + 17

d) 49 + 24
26 + 36
34 + 66

Übungsteil Seite 118, Aufgaben 1 – 3

Erst ..., dann ...

$$52 \xrightarrow{-24} \mathbf{28}$$

with intermediate steps -20 and -4 via 32

$$52 - 24 = \mathbf{28}$$
$$52 - 20 = 32$$
$$32 - 4 = 28$$

ZAHLENRÄTSEL

a) Meine Zahl ist um 8 kleiner als 35.

b) Meine Zahl ist um 17 kleiner als 63.

c) Meine Zahl ist um 15 größer als 28.

d) Meine Zahl ist um 55 größer als 35.

e) Wenn du zu meiner Zahl 25 addierst, erhältst du 70.

f) Wenn du zu meiner Zahl 5 addierst, erhältst du 101.

g) Wenn du von meiner Zahl 33 subtrahierst, erhältst du 44.

h) Wenn du von meiner Zahl 66 subtrahierst, erhältst du Null.

i) Wenn du zu meiner Zahl 20 addierst, erhältst du 20.

0 27 43 45 46 55 66 77 90 96

1
a)	b)	c)	d)
80 − 33	90 − 12	76 − 14	58 − 13
80 − 54	90 − 22	76 − 24	58 − 33
80 − 68	90 − 62	76 − 54	58 − 53

5   12   15   22   25   26   28   45   47   52   62   68   78

2 Brauchst du immer zwei Schritte?
a)	b)	c)	d)
92 − 8	97 − 40	50 − 21	54 − 28
53 − 7	84 − 30	59 − 34	83 − 27
64 − 6	98 − 50	31 − 13	62 − 46

16   18   25   26   29   33   46   48   54   56   57   58   84

3 Wie heißt wohl die nächste Aufgabe im Päckchen?
a)	b)	c)	d)
70 − 23	60 − 35	40 − 16	80 − 54
71 − 24	61 − 36	41 − 17	81 − 55
72 − 25	62 − 37	42 − 18	82 − 56

5

4
a)	b)	c)	d)
35 − 24	51 − 32	59 − 26	49 − 27
35 + 24	51 + 32	59 + 26	49 + 27

11   19   22   33   44   59   76   83   85

5
a)	b)	c)	d)
62 + 38	75 + 18	36 + 35	49 + 49
62 − 38	75 − 18	36 − 35	49 − 49

0   1   12   24   57   71   93   98   100

6
a)	b)	c)
55 − 30	82 − 60	76 − 40
55 − 29	82 − 59	76 − 39

d)	e)	f)
93 − 60	___	___
93 − 59	74 − 49	91 − 19

> Erst die Nachbaraufgabe mit dem vollen Zehner.

7
a)	b)	c)
34 − 19	55 − 39	87 − 69
42 − 19	64 − 39	95 − 69

12   15   16   18   23   25   26

8
a)	b)	c)	d)
72 − 29	83 − 49	94 − 79	73 − 69
67 − 39	76 − 59	101 − 89	102 − 19

4   12   15   17   28   34   43   51   83

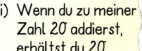
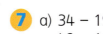

Übungsteil Seite 118, Aufgaben 4 – 7

Vorher, nachher

1 Zahline kauft ein Buch für 12 Euro.
Nun hat sie noch 28 Euro.
Wie viel Euro hatte sie vorher?

Aufgabe

vorher   nachher

— € $\xrightarrow{-12\,€}$ $\xleftarrow{+12\,€}$ 28 €

Umkehraufgabe

2 a) Elke kauft einen Ball für 14 Euro.
Nun hat sie noch 36 Euro.

b) Alexander kauft für 25 Euro ein.
Nun hat er noch 40 Euro.

3 Löse mit der Umkehraufgabe.

a) ___ $\xrightarrow{-13}$ $\xleftarrow{+13}$ 42

b) ___ $\xrightarrow{-9}$ $\xleftarrow{+9}$ 27

c) ___ $\xrightarrow{-27}$ $\xleftarrow{}$ 23

d) ___ $\xrightarrow{-83}$ $\xleftarrow{}$ 2

___ $\xrightarrow{-15}$ $\xleftarrow{+15}$ 59

___ $\xrightarrow{-16}$ $\xleftarrow{+16}$ 16

___ $\xrightarrow{-38}$ $\xleftarrow{}$ 18

___ $\xrightarrow{-11}$ $\xleftarrow{}$ 1

12   15   23   32   36   37   50   55   56   65   74   85   99

4 a) Tobias erhält von seiner Tante 15 Euro. Nun hat er 32 Euro.

b) Sylvia erhält von ihrem Onkel 25 Euro. Nun hat sie 41 Euro.

Vorher?

5 a) ___ $\xrightarrow{+27}$ $\xleftarrow{-27}$ 50

b) ___ $\xrightarrow{+32}$ $\xleftarrow{-32}$ 74

c) ___ $\xrightarrow{+18}$ $\xleftarrow{}$ 25

d) ___ $\xrightarrow{+33}$ $\xleftarrow{}$ 34

___ $\xrightarrow{+32}$ $\xleftarrow{-32}$ 60

___ $\xrightarrow{+24}$ $\xleftarrow{-24}$ 54

___ $\xrightarrow{+35}$ $\xleftarrow{}$ 61

___ $\xrightarrow{+0}$ $\xleftarrow{}$ 44

0   1   7   10   15   23   26   28   30   34   42   44   51

6 Thomas bekommt 3 Euro für das Autowaschen. Er kauft ein Buch für 12 Euro.
Am Ende hat er 17 Euro.

7 Wie viel Euro haben die Kinder ausgegeben?

a) Vorher   Nachher   b) Vorher   Nachher

8 Wie heißt der Rechenbefehl?

a) 70 ⟶ 61
70 ⟶ 59
70 ⟶ 55

b) 63 ⟶ 56
63 ⟶ 50
63 ⟶ 51

c) 96 ⟶ 88
96 ⟶ 80
96 ⟶ 79

d) 51 ⟶ 41
51 ⟶ 31
51 ⟶ 32

−5   −7   −8   −9   −10   −11   −12   −13   −15   −16   −17   −19   −20

9 a) 65 ⟶ 85
65 ⟶ 90
65 ⟶ 92

b) 14 ⟶ 44
14 ⟶ 38
14 ⟶ 31

c) 52 ⟶ 74
52 ⟶ 75
52 ⟶ 78

d) 19 ⟶ 50
19 ⟶ 52
19 ⟶ 54

+17   +20   +22   +23   +24   +25   +26   +27   +30   +31   +33   +35   +37

10 a)

vorher	54	51	100	72	85	64
nachher	34	40	79	27	58	46

b)

vorher	36	81	25	100	99	51
nachher	7	20	9	14	25	15

Übungsteil Seite 118, Aufgaben 8 – 10

6

Geheimnisvolle Rechentürme

1
26 / 16 / 10 / 6

10 / 7

10 / 8

10 / 9

oben immer ____ mehr

50 / 10

2
8 / 7

8 / 8

8 / 9

50 / 8

60 / 8

Rechentürme mit der Null

3
50 / 25 / 25 / 0 / 25

0 / 33

33 / 0

25 / 0

14 / 0

28 / 0

4
2 / 16

3 / 16

4 / 16

5 / 16

oben immer ____ mehr

50 / 16

5
5 / 7

6 / 7

7 / 7

50 / 7

65 / 7

6 Es gibt neun Fünfertürme, in denen oben 50 steht. Schreibe die passenden Türme von dieser Seite auf. Kannst du noch die fehlenden Türme finden?

Trauben

1

17 6 14 20
23 20 34

14 + 20 = 34

2 a) 6 12 8
18

b) 15 10 20
15

c) 7 13 8
18

b) 13 7 15 10

3 10 6
16
56

14 9 15
25

10
25 25
50
100

4 a) 8
30
40
100

b) 8 7 14
15

c) 12
23
50
100

5 a) 9 10
24
60

b) 8 8 9 9

c) 4 18
14
47

Im Land der Einmaleins-Schlangen

1 Schreibe Mal-Aufgaben

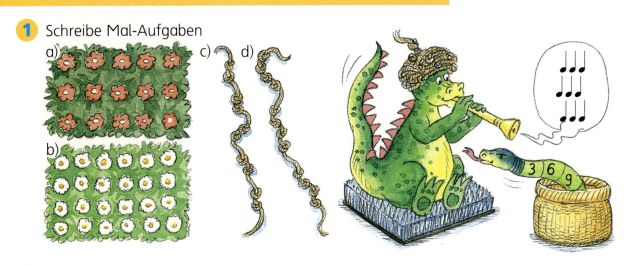

a) b) c) d)

2 Welche Einmaleins-Schlangen sind es? Schreibe die Reihen in dein Heft.

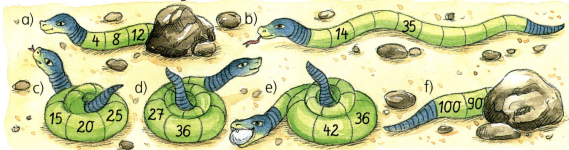

a) 4 8 12   b) 14 35
c) 15 20 25   d) 27 36   e) 42 36   f) 100 90

3 Von den Super-Aufgaben zu den Nachbaraufgaben.

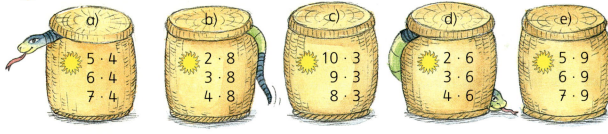

a)
5 · 4
6 · 4
7 · 4

b)
2 · 8
3 · 8
4 · 8

c)
10 · 3
9 · 3
8 · 3

d)
2 · 6
3 · 6
4 · 6

e)
5 · 9
6 · 9
7 · 9

4

7 · 7 = _____
Das Huhn meint fünfzig,
doch es irrt sich.

a) 7 · 7	b) 3 · 3	c) 5 · 5	d) 2 · 2
8 · 7	4 · 3	6 · 5	3 · 2
8 · 8	4 · 4	6 · 6	3 · 3

e) 4 · 4	f) 6 · 6	g) 8 · 8	g) 9 · 9
4 · 5	6 · 7	8 · 9	10 · 9
5 · 5	7 · 7	9 · 9	10 · 10

5 a)

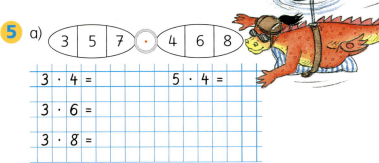

3 5 7 · 4 6 8

3 · 4 =   5 · 4 =
3 · 6 =
3 · 8 =

b)

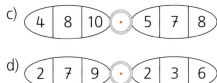

3 6 9 · 5 7 9

c) 4 8 10 · 5 7 8

d) 2 7 9 · 2 3 6

Willkommen ...

1 Rechne die Durch-Aufgabe.
Schreibe auch die Mal-Aufgabe.

a) 45 : 5
24 : 6
21 : 7

b) 36 : 4
72 : 8
54 : 6

c) 54 : 9
56 : 7
24 : 4

> Wer multiplizieren kann, kann auch dividieren.

2 Welche Zahlen hat Zahline ausgewischt?

a) ■ · 9 = 9
7 · ■ = 7
6 · 0 = ■

b) 3 · 0 = ■
5 · ■ = 0
■ · 7 = 7

c) 3 · ■ = 0
3 · ■ = 6
■ · 4 = 0

d) ■ · 3 = 0
■ · 4 = 4
■ · 2 = 8

e) 1 · ■ = 0
■ · 2 = 0
3 · ■ = 9

f) ■ · 7 = 14
■ · 8 = 24
■ · 9 = 18

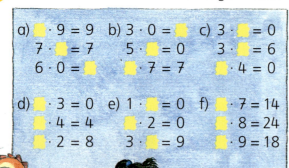

3 Wie heißen die Zirkuskinder?

a) 16 : 8
28 : 7
42 : 6
30 : 5

b) 27 : 9
35 : 7
64 : 8
28 : 4

c) 9 : 9
63 : 7
56 : 8
24 : 6

d) 72 : 8
35 : 5
45 : 9
18 : 3

e) 10 : 10
36 : 4
80 : 8
16 : 2

4 Welche Aufgaben tragen die Elefanten?

36

48

12

3 · 4
4 · 3
2 · 6

24

5

| Dividiere 48 durch 8. Multipliziere das Ergebnis mit 6. | Multipliziere 4 mit 4. Halbiere das Ergebnis. | Dividiere 45 durch 5. Verdoppele das Ergebnis. |

... im Zirkus Einmaleins

1

Das ist der Zirkus
a) _____ .
Da gibt es viele
b) _____
und das c) _____ .
Hinter dem
Zirkus steht die d) _____ .

WdZ

a)	b)	c)	d)
6 · 7	28 : 7	10 · 6 + 0	10 · 8 + 4
5 · 9	8 · 8	8 · 4 + 4	10 · 9 + 9
42 : 6	8 · 7	21 : 7 − 0	9 · 7 + 7
40 : 4	54 : 6	10 · 9 + 6	7 · 7 − 7
6 · 6	8 · 6	10 · 10 − 1	6 · 6 + 4
5 · 8	2 : 2	8 · 9 − 8	8 · 9 + 8
15 : 3	7 · 6	10 · 10 + 0	9 · 9 + 9
36 : 4	35 : 5	8 : 4 − 0	4 · 7 − 4
9 · 7			4 · 4 − 9
30 : 5			

11

2 Drei Zahlen im Kopf, vier Aufgaben im Bauch, das ist das Maldurch.

a)

6 · 7 = 42   42 : 7 = 6

7 · 6 = 42   _____

b)
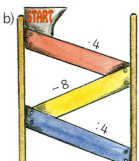

c)
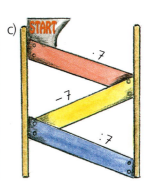

3
a)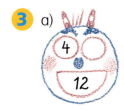
b)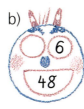
c)
d)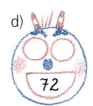
e)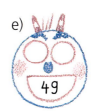

4

KUGELBAHN-VERLEIH

START-ZAHLEN

a) START · 2 + 4 : 2

b) START · 4 − 8 : 4

c) START · 7 − 7 : 7

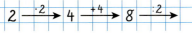

2 →·2→ 4 →+4→ 8 →:2→

Übungsteil Seite 119, Aufgaben 1 – 8

Die Zahlen …

1 Wie viele Centstücke sind es?

a)

b)

2 Zeige am Feld mit 200 Punkten. Nimm zwei Blätter und decke ab wie Zahlix.

a) 140	b) 125	c) 170	d) 110
120	195	105	155
190	95	114	176
150	165	192	167
130	115	113	107

3 a) Nenne deinem Nachbarn eine Zahl, er zeigt die Punkte.

   b) Nun umgekehrt: Zeige deiner Nachbarin Punkte, sie nennt die Zahl.

4 Zwei Hunderterfelder für 200 Zahlen. Schreibe die Zahlen von 1 bis 200 in zwei Hunderterfelder. Wie lange brauchst du dafür?

5 a) Nenne deinem Nachbarn eine Zahl zwischen 1 und 200, er legt ein Plättchen auf die Zahl.

   b) Nun umgekehrt: Lege ein Plättchen auf eine Zahl, deine Nachbarin sagt die Zahl.

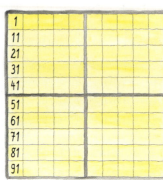 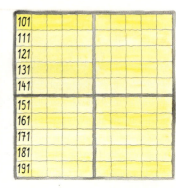

... bis 200

1

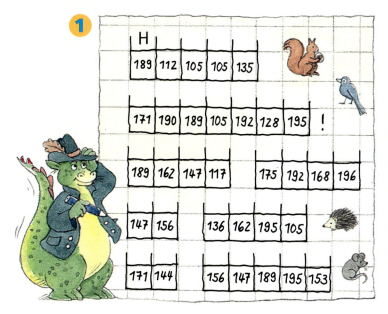

101	102			L	🦔		P		110
111	A		🌳	116	R				Ö
121	🐦			D		N			130
131	Ä		O	V					N
🐿️		🍂	U	145	146	E	🌲		T
151	N			S					D
161	I		C	☀️		B			
Z	🦋		G	176		🍄			S
181		K	🐭					H	A
191	I			E	T	F			D

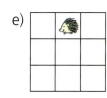

2 Auf einige Plätze hat Zahlix Bilder gemalt. Welche Plätze sind es?

a) 🦔 ____ b) 🐦 ____ c) 🐭 ____ d) 🐿️ ____ e) 🌲 ____ f) 🍄 ____

3 Zeichne die Felder und trage die fehlenden Zahlen ein.

a)

155	156	157
165	☀️	
175		

b) (mit 🌲) c) (mit 🐿️) d) (mit 🐭) e) (mit 🦔)

4 Welche Zahlen fehlen?

a) 128 b) 176 c) 145 d) 190 e) 123

5 a) Welche Zahlen stehen alle unter 106? Schreibe sie auf: 106, 116 ...

b) Welche Zahlen stehen alle unter 109   unter 102   unter 110?

c) Welche Zahlen stehen alle über 191   über 185   über 177?

6 Starte immer bei 146. Wohin kommst du? Schreibe die Zahl auf.

a) 2 Schritte nach rechts   b) 5 Schritte nach links   c) 2 Schritte nach unten

d) 3 Schritte nach links   e) 4 Schritte nach oben   f) 4 Schritte nach unten

g) 4 Schritte nach rechts   h) 2 Schritte nach oben   i) 5 Schritte nach unten

7 Welche Zahl triffst du? Du gehst

a) von 109 drei Schritte nach unten, zwei Schritte nach links.

b) von 199 vier Schritte nach oben, fünf Schritte nach links.

c) von 200 sechs Schritte nach links, drei Schritte nach oben.

Übungsteil Seite 119, Aufgaben 9 – 10

13

Rechnen ...

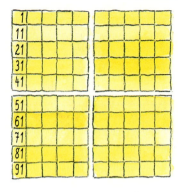 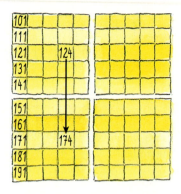

24 + 50 = _74_   124 + 50 = _174_

1 Zeige und rechne an deinen Hunderterfeldern.

a)	69 + 20	b)	35 + 40	c)	23 + 60	d)	48 + 30	e)	50 + 50	f)	3 + 80
	169 + 20		135 + 40		123 + 60		148 + 30		150 + 50		103 + 80

2

a)	76 − 40	b)	99 − 80	c)	51 − 40	d)	85 − 80	e)	60 − 20	f)	90 − 80
	176 − 40		199 − 80		151 − 40		185 − 80		160 − 20		190 − 80

3 Hier haben sich Kinder versteckt. Wie heißen sie?

a) 148 + 20   b) 114 + 30   c) 132 − 20   d) 194 − 50
155 + 40   136 + 60   145 − 40   185 − 80
120 + 70   175 + 20   192 − 30   128 + 70

4 Zeige und rechne an deinen Hunderterfeldern.

a)	47 + 2	b)	70 + 2	c)	63 + 9	d)	89 + 5	e)	17 + 7	f)	5 + 5
	147 + 2		170 + 2		163 + 9		189 + 5		117 + 7		105 + 5

5

a)	56 − 5	b)	99 − 9	c)	100 − 1	d)	35 − 7	e)	11 − 8	f)	73 − 6
	156 − 5		199 − 9		200 − 1		135 − 7		111 − 8		173 − 6

6

a) 170 − 2	b) 142 + 8	c) 167 − 7	d) 188 + 5 + 5
200 − 8	185 + 5	121 − 9	174 + 8 + 8
150 − 3	138 + 6	108 − 8	143 + 5 + 8
160 − 7	159 + 9	194 − 5	200 − 3 − 7
200 − 5	188 + 7	163 − 7	136 − 4 − 4

 e) Welches Tier bleibt übrig? Kannst du dazu Aufgaben stellen?

7 a)

b)

c)

d)

14

... bis 100, ... bis 200

1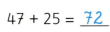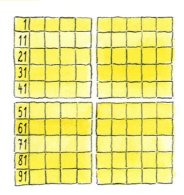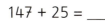

47 + 25 = _72_

147 + 25 = ____

Ganz leicht

2 Zeige und rechne.

a)	b)	c)	d)	e)
32 + 43	54 + 23	28 + 46	45 + 48	17 + 34
132 + 43	154 + 23	128 + 46	145 + 48	117 + 34

3

a)	b)	c)	d)	e)
90 − 37	69 − 23	87 − 36	92 − 54	73 − 48
190 − 37	169 − 23	187 − 36	192 − 54	173 − 48

4

185 $\xrightarrow{-27}$

− 20 ↘ ↗ − 7

165

185 − 27 =
185 − 20 = 165
165 − 7 = 158

Wie rechnest du?

185 − 27 =

15

a)	b)	c)	d)
194 − 32	174 − 18	125 + 32	117 + 54
167 − 43	136 − 17	107 + 89	166 + 25
185 − 71	185 − 43	151 + 33	144 + 38

114   119   124   142   156   157   162   171   182   184   191   193   196

5 a) (108 | 122 | 153 | **+** | 8 | 23 | 37)   b) (111 | 135 | 153 | **+** | 9 | 28 | 36)

6 a) (200 | 170 | 159 | **−** | 7 | 24 | 49)   b) (192 | 185 | 158 | **−** | 6 | 25 | 48)

7 a)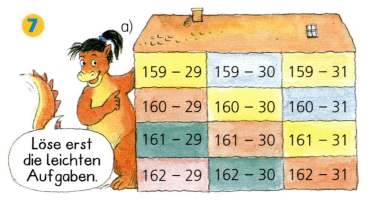

159 − 29	159 − 30	159 − 31
160 − 29	160 − 30	160 − 31
161 − 29	161 − 30	161 − 31
162 − 29	162 − 30	162 − 31

b)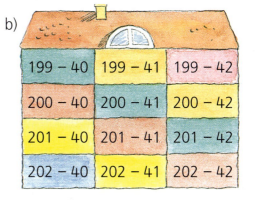

199 − 40	199 − 41	199 − 42
200 − 40	200 − 41	200 − 42
201 − 40	201 − 41	201 − 42
202 − 40	202 − 41	202 − 42

Löse erst die leichten Aufgaben.

Übungsteil Seite 120, Aufgaben 1 – 4

Vorwärts und rückwärts ...

1 Wo stehen die Ballons? Schreibe auf: A = 30

2 Zähle und zeige am Zahlenstrahl.

a) 0, 20, 40, ... 200
    10, 30, 50, ... 190
     0, 30, 60, ... 180

b) 200, 180, 160, ... 0
   190, 170, 150, ... 10
   200, 170, 140, ... 20

c) 91, 93, 95, ... 109
   88, 90, 92, ... 106
   89, 92, 95, ... 110

3 Bestimme Vorgänger (V) und Nachfolger (N).

a)

V	Zahl	N
	187	
	94	
	101	
	199	
	99	
	32	

b)

V	Zahl	N
	76	
150		
		86
	178	
158		
		81

c)

V	Zahl	N
	89	
99		
		102
	159	
168		
		181

4 Nach rechts werden die Zahlen am Zahlenstrahl immer größer, nach links werden
die Zahlen immer kleiner. Zeige die Zahlen, dann setze ein: < oder >.

a) 57 ⬤ 62
   78 ⬤ 87
   82 ⬤ 79

b) 192 ⬤ 164
   107 ⬤ 116
   170 ⬤ 117

c) 134 ⬤ 143
   122 ⬤ 119
   165 ⬤ 156

d) 137 ⬤ 173
   140 ⬤ 104
   118 ⬤ 181

5 Wähle zwei Zahlen aus und vergleiche.

a)

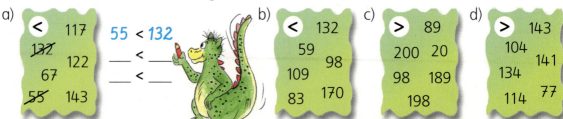

<	117
132	122
67	
55	143

55 < 132
___ < ___
___ < ___

b)

<	132
59	
	98
109	
83	170

c)

>	89
200	20
98	189
	198

d)

>	143
104	
	141
134	
114	77

6 Erst bis 100 und dann weiter.

a) 96 + 5
   96 + 8
   96 + 7

9 6	+ 5	
9 6	+ 4	= 1 0 0
1 0 0	+ 1	=

b) 98 + 7
   99 + 6
   95 + 8

c) 102 − 4
   102 − 8
   102 − 7

d) 103 − 9
   103 − 6
   103 − 5

Übungsteil Seite 120, Aufgaben 5 – 6

... über die Hundert

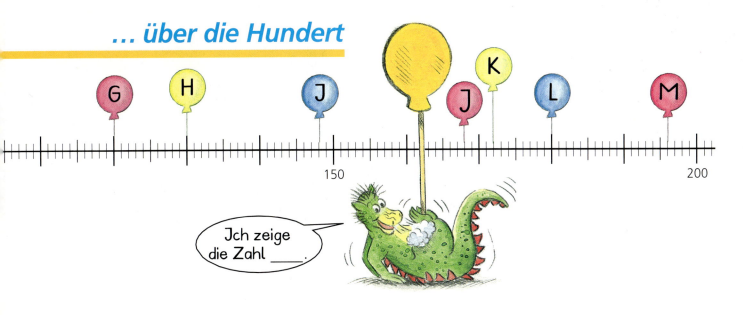

Jch zeige die Zahl ____.

1 In großen Schritten über die 100.

a) 70 + 50
   70 + 80
   70 + 70
   70 + 90

b) 50 + 70
   70 + 40
   80 + 60
   60 + 60

c) 120 − 40
   120 − 80
   120 − 60
   120 − 90

d) 130 − 60
   110 − 40
   150 − 70
   140 − 80

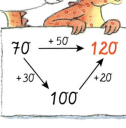

Wie rechnest du?

70 + 50 = **120**
70 + 30 = 100
100 + 20 = 120

70 →(+50)→ **120**
+30 ↘   ↗ +20
   100

17

2 a) 80 + 60
    82 + 60
    85 + 60

b) 70 + 50
   74 + 50
   78 + 50

c) 60 + 70
   63 + 70
   67 + 70

d) 60 + 60

Schreibe selbst Aufgaben.

3 a) 130 − 60
    134 − 60
    138 − 60

b) 150 − 80
   152 − 80
   154 − 80

c) 120 − 70
   121 − 70
   128 − 70

d) 140 − 50
   143 − 50
   149 − 50

e) 110 − 60

4 a) 90 + 40
b) 40 + 70
c) 150 − 60
d) 170 − 90
e) 160 − 80

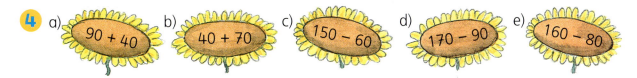

5 In großen Schritten über die 200.

a) 180 + 50
   180 + 70
   180 + 60
   180 + 90

b) 190 + 30
   190 + 60
   190 + 40
   190 + 80

c) 210 − 30
   210 − 50
   210 − 80
   210 − 60

d) 230 − 70
   230 − 40
   230 − 60
   230 − 90

e) 260 − 90
   260 − 60
   260 − 80
   260 − 70

Übungsteil Seite 120, Aufgaben 7 – 9

Ferien ...

1 Britta kann nur am Samstag reiten.
Sie nimmt vormittags eine Stunde Einzel-
unterricht und nachmittags eine Stunde
Gruppenunterricht.

> F: Wie viel Geld muss sie für die
> Reitstunden bezahlen?
>
> R: 1 2 € + 9 € =
>
> A: Sie muss _____ Euro für die
> Reitstunden bezahlen.

2 Steven hat bereits zwei Ausritte mitgemacht.

3 Anja verbringt einen Tag mit Vollpension.
Außerdem nimmt sie zwei Stunden Einzel-
unterricht.

4 Helene wohnt im Dorf. Sie kommt nur zum
Reiten auf den Ponyhof. Sie hat bereits fünf
Reitstunden genommen.
Wie viel Geld hat sie bezahlt?

Reitstunden	1	2	4	5
Euro	12			

5 Tim reitet gern ins freie Gelände.
Er hat bereits fünf Ausritte gemacht.

6 a)
> Heike
> 1 x Vollpension
> 2 Ausritte
> 2 Reitstunden

b)
> Martin
> 2 x Vollpension
> 4 Reitstunden
> 1 Ausritt

Bitte gib mir doch ein
Zuckerstückchen für
mein kleines Pony.

7
> Zahlix
> 3 Reitstunden
> 1 Ausritt
> 2 x heruntergefallen

Ponyhof Blitz

Vollpension	35 €
Reitstunden	
Einzelunterricht	12 €
Gruppenunterricht	9 €
Ausritt	7 €

8 Kartei

Kl. 3a
Sachrechenkartei

Kathrin möchte
acht Reitstunden
nehmen. Aber
nach drei Reit-
stunden wird sie
krank. Sie muss
im Bett liegen
bleiben.

... auf dem Ponyhof

Tagesplan

7.30 Uhr Aufstehen
8.00 Uhr Frühstück
8.45 Uhr Pferdepflege
10.30 Uhr 1 Reitstunde
anschließend
Pferdepflege
12.00 Uhr Mittagessen
13.30 Uhr Ställe ausmisten,
Hof fegen, ...
15.00 Uhr Ausritt

9 a) Fredi möchte schnell in den Pferdestall. Er braucht nur 18 Minuten für das Frühstück. Wann ist er fertig?

b) Britta frühstückt eine Viertelstunde länger als Fredi.

10 Judith muss die Reitstunde nach drei Viertelstunden abbrechen. Ihr Pferd Zigeunerin lahmt.

11 Tina ist zum ersten Mal auf einem Ponyhof. Sie staunt, wie viel Zeit für die Pflege der Pferde benötigt wird:
„Morgens mehr als ____ Stunden."

12

Heute sind wir erst in $1\frac{1}{2}$ Stunden zurück.

Nächster Ausritt um den See

19

13 a) Nach dem Ausritt helfen Tim und Anna im Stall. Anna sagt: „Es ist schon fünf vor sechs. Um halb sieben beginnt das Abendessen."

b) Tim und Anna brauchen für das Abendessen eine Dreiviertelstunde.

14 Um 19.15 Uhr ist das Abendessen beendet.

a)

Jetzt bleibt nicht mehr viel Zeit bis der Film beginnt.

b)

Der Film dauert 90 Minuten.

Blitz, der **schwarze Hengst**

19.30 Uhr

15 Was kannst du fragen? Was kannst du rechnen? Welche Angaben brauchst du dazu? Welche nicht?

a) Um 10 Uhr mieten sich 4 Kinder Ponys. Jedes Kind zahlt 7 Euro.

b) Der Ritt um den See beginnt um 15 Uhr. 6 Kinder machen mit. Um 16.30 Uhr sind sie wieder zurück.

c) Am 15. Juli hat Jörg seine 10. Reitstunde. Er ist schon 14 Tage auf dem Ponyhof.

d) Claudia reitet heute zum ersten Mal. Ihr Pony ist 7 Jahre alt. Die Reitstunde beginnt um 15 Uhr.

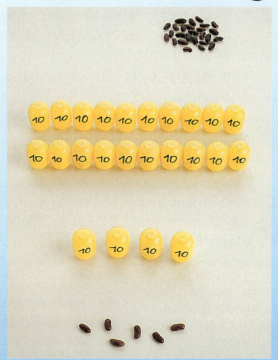

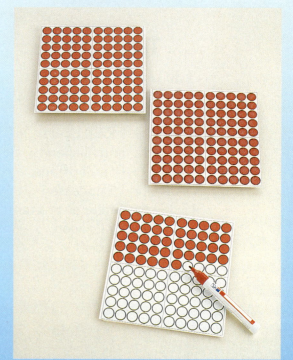

2 **H**underter + 4 **Z**ehner + 6 **E**iner
2 H + 4 Z + 6 E
200 + 40 + 6
246

H	Z	E
2	4	6

Geheimschrift

1 Zeige und rechne.

a)	b)	c)
700 + 200	500 + 400	300 + 600
400 + 300	300 + 300	200 + 500
500 + 200	800 + 100	400 + 200
600 + 400	700 + 100	200 + 300

2

a)	b)	c)
600 − 200	900 − 400	500 − 500
800 − 300	700 − 300	600 − 500
700 − 400	800 − 600	700 − 500
900 − 500	600 − 400	800 − 500

3

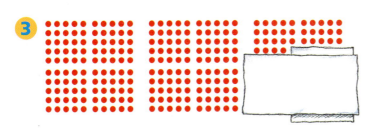

2 Hunderter + 3 Zehner + 4 Einer H Z E / 2 3 4
2 H + 3 Z + 4 E
2·100 + 3·10 + 4·1
200 + 30 + 4
234

Zeige ebenso mit zwei Blättern.

a)	b)	c)	d)
4 Hunderter + 2 Zehner + 6 Einer	5 H + 6 Z + 4 E	300 + 50 + 6	273
6 Hunderter + 5 Zehner + 2 Einer	7 H + 3 Z + 9 E	600 + 40 + 2	327
5 Hunderter + 6 Zehner + 3 Einer	9 H + 7 Z + 3 E	200 + 60 + 4	723
7 Hunderter + 1 Zehner + 7 Einer	6 H + 3 Z + 4 E	400 + 70 + 3	372

4 Zahlix hat eine neue Geheimschrift erfunden. Kannst du sie lesen?

5 Wie heißen die Hausnummern?

Liebe Zahline, du sollst meine neue Hausnummer wissen. Hier ist sie:

Gina   Daniel   Britta   Sascha   Alexa   Steffen   Julia

6 Wie heißt deine Hausnummer? Schreibe sie in Geheimschrift.

7 Schreibe in Geheimschrift.

a)	b)	c)	d)	e)
2 H + 4 Z + 3 E	7 H + 1 Z	321	245	307
4 H + 2 Z + 5 E	2 H + 6 E	231	425	370
3 H + 7 Z + 1 E	5 Z + 2 E	123	542	703
5 H + 6 Z + 2 E	4 Z + 4 E	132	524	730

Stellentafel

1 Wie viel Geld ist es? Trage in die Stellentafel ein.

Frau Berg

Herr Kranz

H	Z	E

2 Trage ebenso ein.

a) 270 € 460 € 550 € 235 € 647 € 444 € 709 € 680 €

b) 300 € 870 € 639 € 140 € 255 € 505 € 76 € 10 €

3 Trage in die Stellentafel ein und zerlege.

a) 536 b) 328 c) 362 d) 423 e) 709
714 283 238 540 970
491 823 777 603 79

H	Z	E					
5	3	6	500 + 30 + 6
7	1	4	

4 Lies das Zahlwort deinem Nachbarn vor, er schreibt die Zahl auf.

a) einhundertvierzehn
vierhundertzehn
einhunderteins
zweihundertzwanzig
zweihundertzwölf
dreihundertzwanzig

b) fünfhundertsiebzig
siebenhundertacht
dreihundert
vierhundertdrei
fünfhundertacht
zweihundertachtzehn

c) sechshundertzwölf
achthundertfünf
vierhundertneun
siebenhundert
sechshundertdreißig
achthundertacht

5 Schreibe als Zahlwort: 500 300 460 680 804 212 917

6 So heißen die Zahlen in anderen Sprachen.

	Englisch	**Italienisch**	**Französisch**
10	ten	dieci	dix
20	twenty	venti	vingt
35	thirty-five	trenta cinque	trente-cinq
100	one hundred	cento	cent
200	two hundred	due cento	deux cent
179	one hundred seventy-nine	cento setanta nove	cent soixante-dix-neuf

7 Zahlendiktat mit Fernglas.
Schreibe Zahlen auf ein Blatt
Papier und hefte es an die Wand.
Schau die Zahlen durchs Fernglas
an und diktiere sie deinem
Nachbarn.

22

Bei den Indios

Die Kinder helfen beim Zählen der Tiere.
Jedes Kind zählt die Ziegen in seinem Tal und knotet zu der Zahl eine Schnur.
Paccha hat 324 Ziegen gezählt.
Warum sind die Knoten verschieden dick?
Erkläre, wie Paccha vorgegangen ist.

1 So war es früher.

ATAHUALPA	RUMINAHUI	PACCHA	HUASCAR
			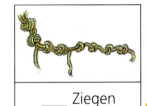
___ Ziegen	___ Ziegen	___ Ziegen	___ Ziegen

2 Huayna merkt sich 300 Ziegen + 50 Ziegen + 2 Ziegen. Fertige eine Knotenschnur an.

3 Fertige für die Zahlen Knotenschnüre an.

   15 Ziegen   134 Ziegen   205 Ziegen   130 Ziegen   103 Ziegen

 4 Fertige zwei Knotenschnüre an. Die Nachbarin schreibt die Zahlen auf.

5 So ist es heute.

Carlos	Alfonso	Leon	Benito
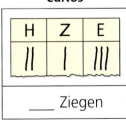		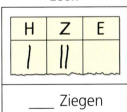	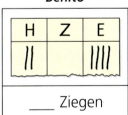
___ Ziegen	___ Ziegen	___ Ziegen	___ Ziegen

6 Ramona hat 346 Ziegen gezählt. Schreibe wie Carlos.

7 Schreibe wie Carlos.

   235 Ziegen   128 Ziegen   307 Ziegen   260 Ziegen   206 Ziegen

 8 Denke dir fünf Zahlen aus. Schreibe sie wie Carlos. Der Nachbar schreibt die Zahl dazu auf.

Größte Zahl, kleinste Zahl

1 Übersetze die Geheimschrift.
Trage in die Stellentafel ein.

a) ☐ ☐ ≡

b) ☐ ☐ ☐ ═

c) ☐ ═

d) ☐ ☐ ☐ ☐ ─

e) ☐ ☐ ☐ ☐ ☐ ≡

	H	Z	E
a)	2	4	4
b)			

2 Trage in die Stellentafel ein.
Kreise die größte Zahl rot ein.
Kreise die kleinste Zahl grün ein.

a) 354   547   634   508   470

b) 407   601   470   96   75

c) 931   548   734   453   534

d) 135   351   417   740   531

e) 507   750   57   705   75

3

Spiel: HOHE HAUSNUMMER

Material: – Zahlenkärtchen
von 0 bis 9
(jedes zweimal)

Spielverlauf: – Legt die Zahlenkärtchen
verdeckt auf den Tisch.
– Jedes Kind zieht drei Kärtchen und bildet eine Zahl.
– Wer die größte Zahl hat,
erhält einen Punkt.
– Nun mischt und spielt
noch einmal.
– Gewonnen hat, wer
zuerst fünf Punkte hat.

Spielt auch NIEDRIGE HAUSNUMMER: Wer die kleinste Zahl hat, erhält einen Punkt.

4 Zerlege die Zahlen so:
478 = 400 + 70 + 8

a) 472   b) 825   c) 480
   428   582   709
   278   258   855

Nun umgekehrt: 300 + 60 + 5 = 365

d) 200 + 40 + 5   e) 400 + 20 + 7
   500 + 30 + 2   200 + 70 + 4
   800 + 60 + 7   700 + 40 + 2

f) 400 + 60 + 7   g) 600 + 60
   400 + 80   600 + 6
   900 + 9   900 + 10

5 Zieht drei Zahlenkärtchen.
Legt dreistellige Zahlen.

a) Wie heißt die größte Zahl?

b) Wie heißt die kleinste Zahl?

c) Wie viele verschiedene Zahlen
könnt ihr legen?
Schreibt sie auf.

 d) Zieht drei Zahlenkärtchen.
Schreibt alle Zahlen auf, die man
damit legen kann.
Ordnet sie der Größe nach:
Die kleinste zuerst.

Orientieren im Zahlenraum bis 1 000

1 Lege Plättchen auf die Zahlen in der Hundertertafel (Beilage). Du siehst einen Buchstaben.

a) 724 745 736 764 726 766
756 746 754 744 734

b) 752 773 792 754 762
772 782 774 753

701	702	703	704	705	706	707	708	709	710
711	712	713	714	715	716	717	718	719	720
721	722	723	724	725	726	727	728	729	730
731	732	733	734	735	736	737	738	739	740
741	742	743	744	745	746	747	748	749	750
751	752	753	754	755	756	757	758	759	760
761	762	763	764	765	766	767	768	769	770
771	772	773	774	775	776	777	778	779	780
781	782	783	784	785	786	787	788	789	790
791	792	793	794	795	796	797	798	799	800

2 a) Welche Zahlen stehen unter 704, 716, 708, 752?

b) Welche Zahlen stehen über 796, 784, 753, 762?

3 a) Welche Zahl steht zwei Reihen tiefer? 703, 714, 709, 755, 761.

b) Welche Zahl steht zwei Reihen höher? 761, 778, 756, 734, 800.

4 Nenne die fehlenden Zahlen.

a)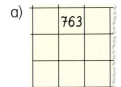

b)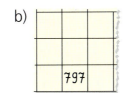

c)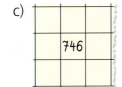

d)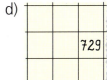

25

5 Zahlix hat einen Sack voll Zahlen von 701 bis 800.

a) Wie viele Zahlen sind in dem Sack?

b) Schreibe die Zahlen auf, in denen eine 4 vorkommt.

c) Schreibe die Zahlen auf, in denen eine Ziffer doppelt vorkommt.

d) Schreibe die Zahlen auf, in denen Zehner und Einer zusammen so groß sind wie der Hunderter.

6 Hier sind Ausschnitte aus verschiedenen Hundertern.

Welche Zahlen müssen bei den Buchstaben stehen? Schreibe sie auf.
Dann ordne sie der Größe nach. Findest du ein Lösungswort?

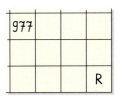

1000 Meter . . .

Kathrin   Eiche   Kiosk   Eva

| | | | | |
|0|100 m|200 m|300 m|400 m|

1 Kathrin geht jeden Morgen einen Kilometer (1 km) bis zur Schule.
Was sieht sie alles unterwegs?

2 Wie weit ist es von Kathrins Haus bis dahin?

a) Eiche ____ m   b) Kiosk ____ m   c) Evas Haus ____ m

d) Spielplatz ____ m   e) Kindergarten ____ m   f) Jans Haus ____ m

3 Wie weit muss Kathrin noch bis zur Schule gehen?

a) von der Eiche   b) vom Kiosk   c) vom Kindergarten

d) von Evas Haus   e) vom Spielplatz   f) von Jans Haus

4 Kathrin benötigt für ihren Schulweg 20 Minuten.
Wie weit geht sie in 10 Minuten? Wie weit in 5 Minuten?

5 Wie lange brauchst du für einen Kilometer? Probiere es aus.

26

- -

6 Vorwärts und rückwärts am Zahlenstrahl, immer drei Schritte.

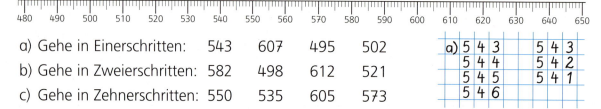

a) Gehe in Einerschritten: 543   607   495   502

b) Gehe in Zweierschritten: 582   498   612   521

c) Gehe in Zehnerschritten: 550   535   605   573

a)	5	4	3		5	4	3
	5	4	4		5	4	2
	5	4	5		5	4	1
	5	4	6				

7 Bei welchen Zahlen stehen die Ballons? Wie heißen die
beiden Nachbarzehner? Ergänze wie im Beispiel.

A	2	8	6	+	4	=	2	9	0
	2	8	6	−	6	=	2	8	0

8 Zeige am Zahlenstrahl. Wie heißen die beiden Nachbarzehner?
Schreibe wie in Aufgabe 7.

a) 298   b) 312   c) 333   d) 345   e) 371   f) 395   g) 407   h) 429

| | | | | |
|0|100|200|300|400|

. . . bis zur Schule

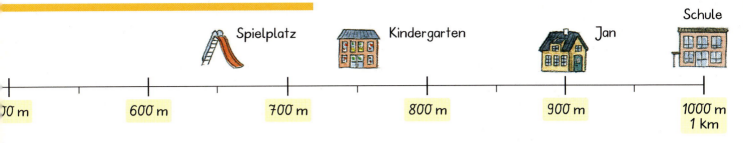

1 Wie heißen die Nachbarhunderter?

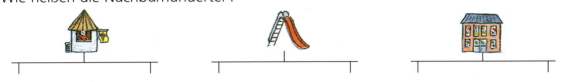

____ ____   ____ ____   ____ ____

2 Kathrin geht jeden Tag zur Schule und zurück zwei Kilometer.
  a) Wie lang ist Evas Schulweg hin und zurück?   b) Wie lang ist Jans Schulweg?

3 Die Lehrerin geht mit den Kindern von der Schule zum Spielplatz.
  Wie weit ist es hin und zurück?

4 Am Nachmittag trifft Kathrin sich mit Eva auf dem Spielplatz.
  a) Wie weit geht Kathrin?   b) Wie weit geht Eva?

5 Bei welchen Zahlen stehen die Ballons?
  Wie heißen die beiden Nachbarhunderter?
  Ergänze wie im Beispiel.

A	1	5	0	+	5	0	=	2	0	0
	1	5	0	−	5	0	=	1	0	0

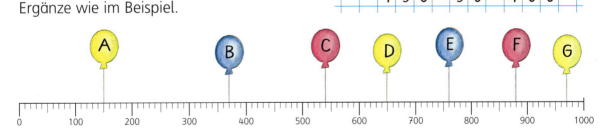

6 Zeige am Zahlenstrahl. Wo liegen die Zahlen ungefähr?
  Wie heißen die beiden Nachbarhunderter? Schreibe wie in Aufgabe 5.
  a) 340   b) 610   c) 835   d) 507   e) 999   f) 475   g) 703

7 a) Schreibe eine Zahl zwischen 100 und 1000 auf.

4 0 0	4 3 0	4 3 7	4 4 0	5 0 0

  Deine Nachbarin schreibt links und rechts die beiden Nachbarzehner und dann
  die beiden Nachbarhunderter hin. Dann wechselt ab.

  b) Unterstreicht blau den Nachbarzehner, der am nächsten an der Zahl liegt.

  c) Unterstreicht rot den Nachbarhunderter, der am nächsten an der Zahl liegt.

500   600   700   800   900   1000

Stopp am Hunderter

1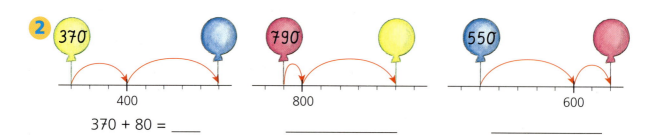

Erst bis 400, dann weiter.

Erst 50, dann 20.

350 + 70 = ____

2

370 + 80 = ____   _____   _____

3 a) 460 + 70   b) 870 + 40
     450 + 60   890 + 80
     480 + 50   850 + 70

    c) 580 + 40   d) 660 + 70
     520 + 90   650 + 40
     560 + 60   690 + 20

Wie rechnest du?

$460 \xrightarrow{+70}$

$+40 \searrow \quad \nearrow +30$

500

460 + 70 = **530**

460 + 40 = 500
500 + 30 = 530

Mathe

4 a) +50   b) +70   c) +60   d) +30   e) +90

480	
580	
780	

260	
460	
760	

190	
390	
690	

170	
570	
770	

330	
630	
730	

5

a) 290 + 60 / 291 + 60 / 293 + 60
b) 480 + 70 / 481 + 70 / 487 + 70
c) 560 + 90 / 567 + 90 / 564 + 90
d) 730 + 80 / 734 + 80 / 737 + 80
e) 670 + 50 / 672 + 50 / 675 + 50

6 a) 393 + 40   b) 797 + 30   c) 366 + 60   d) 434 + 80   e) 447 + 70
     493 + 40   597 + 30   466 + 60   634 + 80   647 + 70
     693 + 40   397 + 30   666 + 60   734 + 80   747 + 70
     893 + 40   297 + 30   866 + 60   834 + 80   847 + 70

7 a) $450 \xrightarrow{+87}$ ____   b) $670 \xrightarrow{+58}$ ____   c) $880 \xrightarrow{+65}$ ____   d) $560 \xrightarrow{+73}$ ____

    +80 ↘   ↗ +7   +50 ↘   ↗ +8   +60 ↘   ↗ +5   +70 ↘   ↗ +3

    ____   ____   ____   ____

28

Übungsteil Seite 121, Aufgaben 1 – 3

Erst . . ., dann . . .

1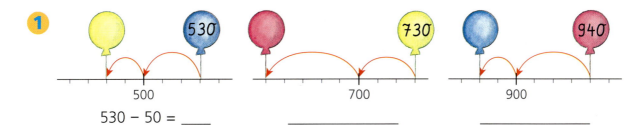

530 − 50 = _____   _____   _____

2
a) 630 − 70
620 − 50
650 − 80

b) 460 − 80
410 − 40
420 − 30

c) 750 − 90
730 − 70
710 − 80

d) 550 − 70
520 − 60
560 − 90

Wie rechnest du?

630 $\xrightarrow{-70}$

−30 ↘   ↗ −40

600

630 − 70 = **560**
630 − 30 = 600
600 − 40 = 560

3

a) $\xrightarrow{-70}$

220	
420	
720	

b) $\xrightarrow{-50}$

130	
530	
730	

c) $\xrightarrow{-80}$

	170
350	
850	

d) $\xrightarrow{-60}$

310	
	450
710	

e) $\xrightarrow{-90}$

530	
730	
	840

4
a) 420 − 60
421 − 60
425 − 60

b) 610 − 40
612 − 40
614 − 40

c) 360 − 80
361 − 80
366 − 80

d) 730 − 70
733 − 70
737 − 70

e) 250 − 90

29

5 Schreibe selbst Aufgaben zu den Blumentöpfen.

a) 540 − 70   b) 820 − 50   c) 660 − 90   d) 710 − 40   e) 630 − 60

6
a) 224 − 70
363 − 90
517 − 60

b) 133 − 50
241 − 60
374 − 90

c) 261 − 70
607 − 40
617 − 50

d) 444 − 60
625 − 80
934 − 40

e) 775 − 80
861 − 90
453 − 70

7
a) 350 $\xrightarrow{-87}$ ___
−80 ↘   ↗ −7
___

b) 520 $\xrightarrow{-65}$ ___
−60 ↘   ↗ −5
___

c) 910 $\xrightarrow{-58}$ ___
−50 ↘   ↗ −8
___

d) 740 $\xrightarrow{-86}$ ___
−80 ↘   ↗ −6
___

8
a) 650 − 74
320 − 69
810 − 45

b) 440 − 83
730 − 58
920 − 63

c) 910 − 35
660 − 82
430 − 55

d) 430 − 94
920 − 68
750 − 71

e) 570 − 83
760 − 99
340 − 79

Übungsteil Seite 121, Aufgaben 4 – 5

Die Summe öffnet die Tür

1 Zwei Zahlen in Geheim-
schrift, aber nur die
Summe öffnet die Tür.
Welche Zahl muss
Zahline eintippen?

2 Die Summe öffnet die Tür. Welche Zahl ist es?

   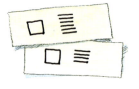

3 Jeder schreibt zwei Zahlen in Geheimschrift auf einen Zettel. Dann tauscht die Zettel.
Die Summe öffnet die Tür.

4 Schreibe in Geheimschrift und rechne.

a) 380 + 400   b) 610 + 300   c) 400 + 280   d) 200 + 770
   430 + 200   250 + 500   300 + 620   600 + 350

5 a) 240 + 200   b) 210 + 150   c) 230 + 140   d) 340 + 560
   480 + 300   410 + 280   450 + 230   530 + 220
   320 + 500   330 + 560   710 + 260   170 + 530

360   370   440   550   680   690   700   750   780   820   890   900   970

6

a) 450 – 150   b) 320 – 200   c) 630 – 220   d) 670 – 140
   450 – 200   320 – 110   820 – 510   590 – 330
   450 – 220   320 – 120   570 – 330   250 – 110

120   140   200   210   230   240   250   260   300   310   350   410   530

7

231 + 324   125 + 541   372 + 405   617

Übungsteil Seite 121, Aufgaben 6 – 8

30

Quersumme

1

Quersumme
2 + 7 + 5 = 14

1 bis 1000

Wie heißt die Quersumme?

a) 317 | 549 | 276 | 492 | 872

b) 697 | 984 | 599 | 888 | 999

c) 509 | 606 | 370 | 740 | 900

2 Suche Zahlen

a) mit der Quersumme 12,   b) mit der Quersumme 16,   c) mit der Quersumme 25.

3

Suche dir einen Sack aus.

Viele Fragen!

100 bis 200   200 bis 400   bis 100   500 bis 1000

a) Wie viele Zahlen sind in dem Sack?

b) Nimm 5 Zahlen aus dem Sack. Bestimme die Quersumme.

c) Zahlen mit der Quersumme 5

d) Zahlen mit der Quersumme 10

e) Zahlen mit der Quersumme 20

f) Wie heißt die größte Quersumme? Wie viele Zahlen gibt es dazu?

31

4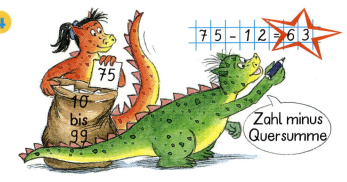

75

10 bis 99

7 5 − 1 2 = 6 3

Zahl minus Quersumme

a) Rechne wie Zahline.

64 | 83 | 90 | 15

b) Nimm fünf Zahlen aus dem Sack und rechne wie Zahline.

5 Rechne „Zahl minus Quersumme". Was fällt auf?

a) Nimm drei Zahlen von 40 bis 49.   b) Nimm drei Zahlen von 70 bis 79.

6 Nun umgekehrt. Findest du zu jedem Ergebnis drei passende Zahlen in dem Sack?

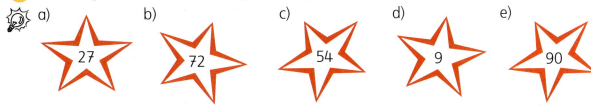

a)   b)   c)   d)   e)

27   72   54   9   90

Rechnen mit den Hundertertafeln

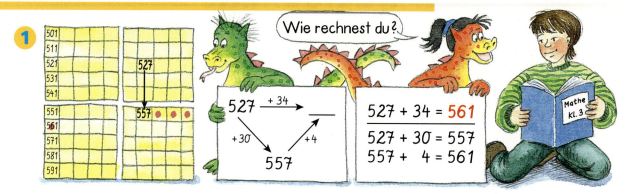

1

527 → +34 →
+30 ↘ ↗ +4
557

527 + 34 = **561**
527 + 30 = 557
557 + 4 = 561

Wie rechnest du?

2 In jedem Päckchen haben die Ergebnisse dieselbe Quersumme.

a) 506 + 40	b) 687 + 5	c) 437 + 30	d) 758 + 8	e) 916 + 70
548 + 7	615 + 50	449 + 9	723 + 70	935 + 24
512 + 25	656 + 18	446 + 39	709 + 66	977 + 18

3

a) +6

523	
623	
923	

b) +8

343	
543	
843	

c) +30

461	
661	
861	

d) +22

236	
436	
636	

e) +43

428	
528	
928	

4 a) Alle Ergebnisse haben die Quersumme 13.   b) Quersumme 15

239 311 437 **+** 8 26 53   512 728 809 **+** 16 34 52

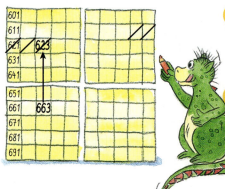

5

a) 663 – 45	b) 654 – 20	c) 692 – 70
663 – 35	654 – 8	692 – 7
663 – 38	654 – 47	692 – 77

6 Alle Ergebnisse haben die Quersumme 13.

a) 556 – 30	b) 435 – 8	c) 764 – 22
586 – 51	479 – 34	741 – 35
544 – 27	453 – 35	740 – 16

7

a) –4

428	
628	
928	

b) –6

242	
442	
842	

c) –30

371	
771	
971	

d) –21

384	
584	
684	

e) –58

285	
585	
985	

8 Hänge auf die Wäscheleine. Du kannst anfangen, wo du willst.

493 –23 →   a)   533 +200 →   765 –38 →   b)   727 –28 →

733 –8 →   725 +68 →   793 –300 →   506 +54 →   560 +240 →   706 –200 →

560 –27 →   470 +90 →   699 +7 →   800 –35 →

Übungsteil Seite 122, Aufgaben 1 – 10

32

Rechen-Olympiade

33

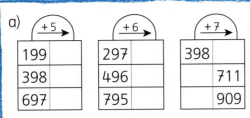

a)

+5		+6		+7	
199		297		398	
398		496			711
697		795			909

204 303 403 405 502 603 702 704 801 902

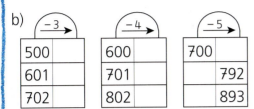

b)

−3		−4		−5	
500		600		700	
601		701			792
702		802			893

399 497 596 598 695 697 699 797 798 898

c)

| 501 | 505 | 507 | − | 5 | 8 | 10 |

491 492 493 495 496 497 497 499 500 502

---

a) 740 + 30   380 + 50   490 + 40
    560 + 20   770 + 70   650 + 60
    210 + 60   850 + 90   780 + 80

270 340 430 530 580 710 770 840 860 940

b) 680 − 50   510 − 40   860 − 70
    390 − 60   720 − 60   270 − 90
    760 − 40   950 − 70   640 − 80

180 330 460 470 560 630 660 720 790 880

c)

| 410 | 450 | 500 | − | 50 | 80 | 100 |

310 330 350 360 370 380 400 400 420 450

a) Bilde aus den Ziffern die größte
   und kleinste dreistellige Zahl.
   6, 4, 8   7, 1, 9   5, 2, 3

b) Bilde aus den Ziffern alle dreistelligen Zahlen
   7, 6, 5   3, 0, 8   9, 2, 1

c) Welche dreistelligen Zahlen
   kannst du mit den Ziffern
   2, 5 und 1 bilden?

d) Bilde 3 dreistellige Zahlen, die
   zusammen 1000 ergeben.

e) Bilde 2 dreistellige Zahlen und
   eine zweistellige Zahl, die
   zusammen 1000 ergeben.
   Jede Ziffer soll nur einmal vor-
   kommen.

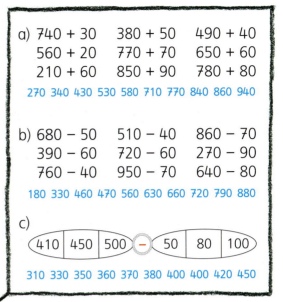

a)

+70		+40		+47	
323		258		380	
458			406	470	
565		513			647

298   366   393   427   474
517   528   553   600   635

b)

−80		−50		−58	
400			490	420	
505		687			540
703		791		730	

320   362   425   470   540
598   623   637   672   741

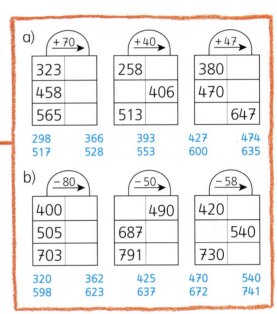

Du kannst anfangen, wo du willst.

7 · 8   72 : 8

56 + 24   272 − 200   9 + 498

507 − 500   80 + 192

9 · 6   45 : 5

54 + 26   353 − 8   345 − 300

380 − 27   80 + 300

1 Was ist schwerer?
Tisch oder Stuhl,
Becher oder Tasse,
Ranzen oder ...

2 Vergleicht mit dem Bügel.
a) Welcher Ranzen ist schwerer?
b) Welcher Ranzen ist am
schwersten?

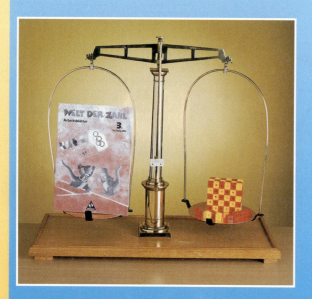

1 kg = 1 000 g

3 Wie viele Steckwürfel wiegt
a) das Mathematikbuch,
b) das Deutschbuch,
c) die Federmappe,
d) _____ ?

4 Was fällt dir auf?

	Gewicht in Steckwürfeln	in Nägeln
Mathematikbuch	27	47
Deutschbuch	24	41
Federmappe		

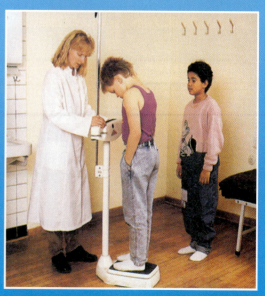

Vergleichen und messen

1 Welches Buch ist am schwersten?

2 Welcher Gegenstand ist am schwersten?

3 Vergleiche die Gewichte. Ordne sie.
a) Anspitzer, Bleistift, Geodreieck, Radiergummi   b) Heft, Schere, Brille, Federtasche

4

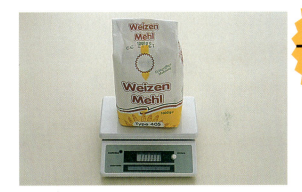

5 a) Wie schwer sind die Beutel?   b) Welcher Beutel ist am schwersten?

6 Ordne. Beginne mit dem kleinsten Gewicht.

Gramm und Kilogramm

1 Gramm oder Kilogramm? Schreibe: g oder kg

a)   b)   c)   d)   e)   f)

1 ____   1 ____   10 ____   20 ____   25 ____   100 ____

2 Ordne die Gewichte zu. Schreibe wie Zahlix.

30 g   85 g   250 g   450 g   500 g   1000 g

1 kg = 1000 g $\frac{1}{2}$ kg = 500 g $\frac{1}{4}$ kg = 250 g

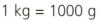

36

3 Ordne den Tieren die Gewichte zu: 15 g   250 g   800 g   5 kg   1000 kg

4 Der Tierarzt hat die Tiere gewogen.
Wie schwer sind die Tiere?
Welches ist das schwerste Tier?
Welches ist das leichteste Tier?

Hase	2 kg 200 g
Schäferhund	29 kg 600 g
Dackel	4 kg 300 g
Katze	3 kg 500 g

5 Wie schwer bist du?
Wie schwer ist deine Schultasche?
Wie schwer sind deine Bücher?

Wie viel wiegt es?

1
a)
b)

2
a)
b)

3 Ergänze auf 1 Kilogramm: 800 g   300 g   920 g   350 g   230 g   150 g   80 g

4
a)
b)
c)

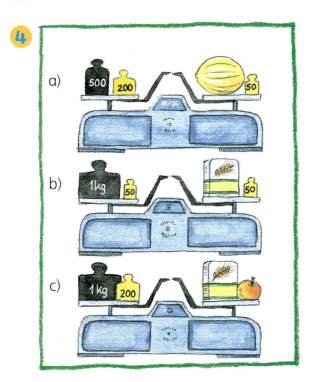

5 Welche Gewichte fehlen links noch?
a)
b)
c)

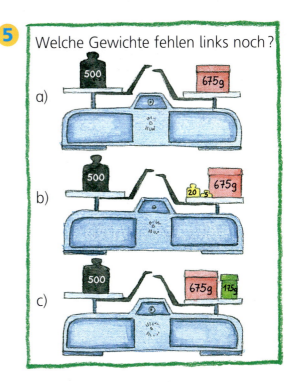

  6 Erfindet selbst ähnliche Aufgaben.

Auf eigenen Wegen zum Ziel

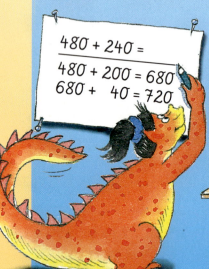

480 + 240 =
480 + 200 = 680
680 + 40 = 720

480 + 240

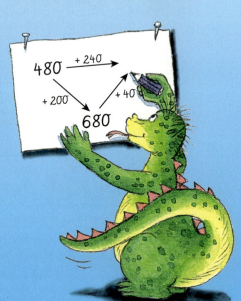

480 + 240
+ 200
+ 40
680

600 + 120 = 720

480 + 240 =
480 + 40 = 520
520 + 200 = 720

480 + 240 =
400 + 200 = 600
80 + 40 = 120

480 + 240 = ___

480 ... 680 ... 720

Wie rechnest du?

a) 360 + 170   b) 580 + 230   c) 770 + 150   d) 690 + 240
e) 180 + 630   f) 240 + 280   g) 330 + 580   h) 440 + 560

Erst ..., dann ...

LONDON

London ist die Hauptstadt von Großbritannien. Mit 4 Mill. Einwohnern ist die Stadt größer als jede deutsche Stadt. London liegt 75 km oberhalb der Mündung beidseits der Themse, den Stadtkern bildet die „City" (2,7 qkm) mit nur 5000 ständigen Bewohnern und ca. 1 Mill. Einwohnern während der Arbeitsstunden, mit Börse, Banken, u. a. Bank von England, dem Regierungsviertel in der City of

Westminster mit Parlamentsgebäuden (Big Ben), Westminster Abbey, Ministerien. Berühmt sind der Hyde Park, Buckingham Palace (Wohnsitz der Königsfamilie) sowie zahlreiche Museen – British Museum, Victoria & Albert Museum, National Gallery. Der Tower mit den Kronjuwelen befindet sich im östlichen Teil der Stadt. London ist mit dem Schiff, Flugzeug und der Eisenbahn gut zu erreichen. Es gibt über 6500 Busse in der Stadt. Die meisten davon sind rote Doppeldeckerbusse. Diese Busse gibt es

Stadtplan

Preisliste

Landau – Frankfurt

	Hinfahrt	Hin-/Rü.
Erw.	15 €	30 €
Kind	10 €	20 €

Frankfurt – London
durch den Eisenbahntunnel.

	Hinfahrt	Hin-/Rü.
Erw.	90 €	180 €
Kind	70 €	140 €

✈ **Frankfurt – London**

	Hin-/Rückflug
Erwachsene	190 €
Kind	140 €

1 Frau Blank fliegt mit ihrer Tochter von Frankfurt nach London und zurück.

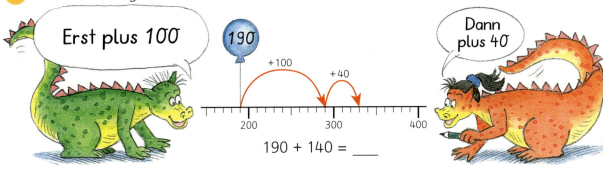

Erst plus 100

190

+100

+40

200   300   400

190 + 140 = ___

Dann plus 40

39

2 Berechne die Reisekosten immer für zwei Erwachsene und ein Kind.

a) 🚂 Von Frankfurt nach London und zurück

b) 🚂 Von Landau nach London und zurück

c) ✈ Von Landau über Frankfurt nach London und zurück

Kartei

3 Bilde eigene Aufgaben mit Reiseweg und Reisekosten für zwei Erwachsene oder drei Kinder.

a) Eine einfache Fahrt (nur Hinfahrt oder Hinflug).

b) Eine Hin- und Rückfahrt oder einen Hin- und Rückflug.

4
a)	b)	c)	d)
460 + 150	380 + 140	440 + 140	530 + 420
460 + 180	380 + 290	430 + 290	580 + 340
460 + 270	380 + 560	470 + 240	780 + 180

520   580   610   640   670   710   720   730   760   920   940   950   960

5 Wie heißt es auf Englisch?

WdZ

 a)

 b)

 c)

 d)

a)	b)	c)	d)
190 + 290	560 + 140	510 + 310 + 8	560 + 350 + 15
210 + 190	460 + 260	530 + 330 + 4	470 + 280 + 24
30 + 150	730 + 180	620 + 270 + 1	460 + 370 + 34
		680 + 170 + 5	480 + 220 + 12

Übungsteil Seite 123, Aufgaben 1 – 2

Nun in die andere Richtung

1

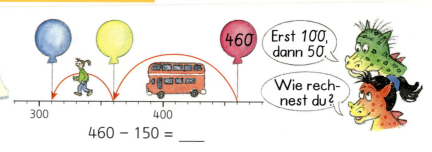

300   400

460 − 150 = ___

2 Zeige am Zahlenstrahl und rechne.

a) 460 − 210	b) 530 − 160	c) 650 − 390	d) 710 − 140	e) 940 − 360
460 − 240	530 − 230	650 − 420	710 − 250	940 − 550
460 − 380	530 − 290	650 − 480	710 − 560	940 − 780

80   110   150   160   170   220   230   240   250   260   300   370   390   460   570   580

3

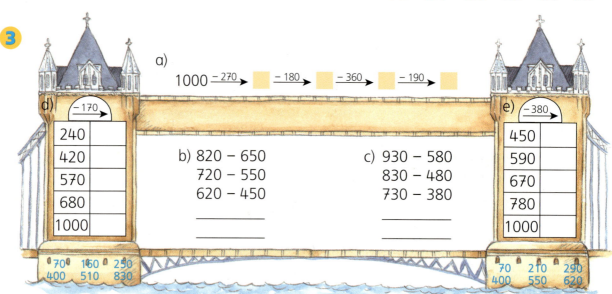

a)

1000 —270→ ▢ —180→ ▢ —360→ ▢ —190→ ▢

d) −170

240	
420	
570	
680	
1000	

70   160   250
400   510   830

b) 820 − 650
720 − 550
620 − 450
_____
_____

c) 930 − 580
830 − 480
730 − 380
_____
_____

e) −380

450	
590	
670	
780	
1000	

70   210   290
400   550   620

4 Alle Ergebnisse haben die Quersumme 9.

a) (920 | 740 | 650) − (290 | 380 | 560) b) (820 | 640 | 550) − (190 | 370 | 460)

5 Noch mehr englische Wörter.

(a) 960 − 160
500 − 230
810 − 250
950 − 190

(b) 900 − 720
980 − 180
970 −   70
540 − 140
900 − 680
510 − 350
540 − 270
1000 −   90
430 − 250

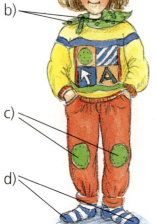

a)
b)
c)
d)

(c) 790 − 440
810 − 670
690 − 420
760 − 490
990 − 810

(d) 880 − 180 − 4
830 − 560 − 6
840 − 170 − 5
820 − 660 − 4

Jch kenne dazu sogar ein Lied!

40

Übungsteil Seite 123, Aufgaben 3 – 7

Die Wache passt auf

1 a)

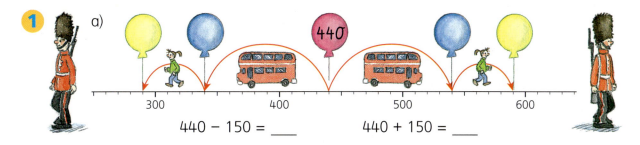

$$440 - 150 = \underline{\quad} \qquad\qquad 440 + 150 = \underline{\quad}$$

b) Addiere die beiden Ergebnisse.   c) Subtrahiere die beiden Ergebnisse.

2 Addiere die beiden Ergebnisse. Was stellst du fest?

a) 500 + 360	b) 340 + 180	c) 420 + 390	d) 450 + 260
500 − 360	340 − 180	420 − 390	450 − 260

Das Doppelte von . . .

3 Subtrahiere die beiden Ergebnisse. Was stellst du fest?

a) 400 + 140	b) 580 + 330	c) 520 + 450	d) 630 + 250
400 − 140	580 − 330	520 − 450	630 − 250

4 a)

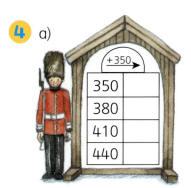

+350

350	
380	
410	
440	

b) 340 + 260
350 + 270
360 + 280
_____
c) 430 + 270
450 + 290
470 + 310
_____

5 a) 340 − 260
350 − 270
360 − 280
_____
b) 430 − 270
450 − 290
470 − 310
_____

c)

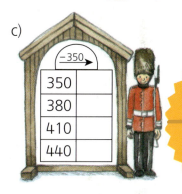

−350

350	
380	
410	
440	

41

6 Aufgepasst.

a) 240 + 160
240 + 16

b) 350 + 170
350 + 17

c) 460 + 440
460 + 44

d) 580 + 220
580 + 22

256 367 400 504 520 602 760 800 900

7 Achtung!

a) 450 − 180
450 − 18

b) 560 − 270
560 − 27

c) 320 − 230
320 − 23

d) 610 − 150
610 − 15

90 150 270 290 297 432 460 533 595

 8 Welche Zahlen sind es?

a) Addiere 220 und 780. Subtrahiere vom Ergebnis 300.

b) Nimm das Doppelte von 80. Subtrahiere es von 1000.

c) Subtrahiere 50 von 340. Addiere 600 zum Ergebnis.

d) Addiere 530 und 260. Subtrahiere vom Ergebnis 50.

e) Multipliziere 10 mit sich selbst. Addiere das Ergebnis zu 730.

Erfinde selbst Zahlenrätsel.

740   830
700   920   840   890

Jane's School

Jane ist acht Jahre alt. Sie ist in Klasse 3 der Grundschule von Manningtree.
Mit fünf Jahren kam sie in die Schule. Ein Jahr später kam sie in Klasse 1.
Jeden Morgen zieht Jane ihre Schuluniform an.

Schülerzahlen							
Class	B	1	2	3	4	5	6
	21	28	35	29	21	21	28
	24	24	23	35	22	28	26

1 Wie alt sind die englischen Kinder, wenn sie in die Schule kommen?

2 Wie viele Jahre gehen die englischen Kinder in die Grundschule?

 3 a) Wie viele Mädchen sind in der Schule? b) Wie viele Jungen sind in der Schule? c) Wie viele Kinder sind es zusammen?

		8:50	10:30			10:45	12:15		13:10	15:05
Monday	Maths	$\frac{1}{3}$ 2	🍎🥪		Sports	⚫	🍴🍽		Art	🖌
Tuesday	Maths	$\frac{1}{3}$ 2	🍎🥪		English	✏	🍴🍽		Science	🌼
Wednesday	History	👤	🍎🥪		Maths	$\frac{1}{3}$ 2	🍴🍽		Music	🎵
Thursday	Maths	$\frac{1}{3}$ 2	🍎🥪		English	✏	🍴🍽		Science	🌼
Friday	English	✏	🍎🥪		Maths	$\frac{1}{3}$ 2	🍴🍽		Craft	🔨

4
a) Um wie viel Uhr beginnt der Unterricht?
b) Um wie viel Uhr gehen die Kinder nach Hause?
c) Um wie viel Uhr beginnt die Mittagspause?

5
F. Wie lange dauert die Mittagspause?
R. Von 12:15 Uhr bis 13 Uhr
_____ Minuten
Von 13 Uhr bis 13:10 Uhr
_____ Minuten
A. Die Mittagspause dauert _____ Minuten.

6 a) Wie lange dauert die 1. Stunde?   b) Wie lange dauert die 2. Stunde?
c) Wie lange dauert die 3. Stunde?   d) Wie lang ist der ganze Schultag?

Üben - leicht und schwer

Gramm oder Kilogramm?

1 Findest du zu jedem Haus zehn Aufgaben?

a) 500
360 + 140
750 − 250

b) 550

c) 505

d) 555

2
a) 357 + 400
357 + 40
357 + 4

b) 456 + 500
456 + 50
456 + 5

c) 246 + 600
246 + 60
246 + 6

d) 234 + 700
234 + 70
234 + 7

241 252 304 306 361 397 461 506 651 757 846 934 956

3
a) 321 − 200
321 − 20
321 − 2

b) 473 − 400
473 − 40
473 − 4

c) 605 − 300
605 − 30
605 − 3

d) 502 − 400
502 − 40
502 − 4

73 102 121 301 305 319 433 462 469 498 501 575 602

4
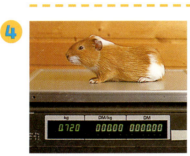

150 g mehr als das letzte Mal.

Aufgabe

vorher   nachher

___ g $\xrightarrow{+\,150\,g}$ $\xleftarrow{-\,150\,g}$ 720 g

Umkehraufgabe

43

5 Löse mit der Umkehraufgabe.

a) ___ $\xrightarrow{+\,150}$ 610
___ $\xrightarrow{+\,250}$ 830
___ $\xrightarrow{+\,350}$ 1000

b) ___ $\xrightarrow{+\,160}$ 320
___ $\xrightarrow{+\,260}$ 350
___ $\xrightarrow{+\,360}$ 910

c) ___ $\xrightarrow{+\,420}$ 930
___ $\xrightarrow{+\,330}$ 800
___ $\xrightarrow{+\,240}$ 510

90 160 270 350 460 470 510 550 580 650

6 Wie viel Gramm hat das Meerschweinchen zugenommen?

7 Wie heißt der Rechenbefehl?

a) 170 ⟶ 250
210 ⟶ 350
270 ⟶ 400

b) 380 ⟶ 420
380 ⟶ 500
380 ⟶ 580

c) 450 ⟶ 510
450 ⟶ 600
450 ⟶ 670

+40 +60 +80 +120 +130 +140 +150 +200 +220 +230

8
a)

vorher	250	250	250	250	250
nachher	267	301	340	460	510

b)

vorher	320	320	320	320	320
nachher	355	408	430	500	1000

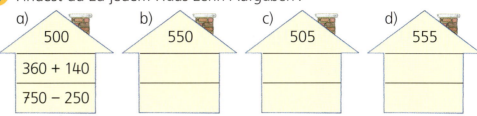
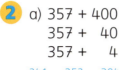

70 ___

5 ___

KARTOFFELN

70 ___

$\frac{1}{2}$ ___

$\frac{1}{2}$ ___

Wie schwer ist das?

Schokolade Schokolade Schokolade 200g

KNÄCKE KNÄCKE 250g

BUTTER 250g 250g 250g 250g

ANANAS ANANAS 480g 480g

Rosinen 150g 150g 150g 150g

Im Bastelladen

1 Lege mit Rechengeld.

| 500 g Knetgummi **3,30 €** | Bogen Plakatkarton 48 x 68 cm **1,10 €** 6 Bögen farblich sortiert **5,99 €** | Bastelmesser/ Cutter für Papier und Karton **2,95 €** | Buntpapier **0,95 €** 10 Rollen farblich sortiert **8,59 €** | Wachsmalstifte 8 Stifte **7,90 €** 16 Stifte **14,20 €** |

2 Zahlix und Zahline haben einen Geldbetrag unterschiedlich aufgeschrieben. Erkläre.

3 Wie viel Geld hat jedes Kind? Schreibe auf wie Zahlix und Zahline.

Niklas   Christina   Justin

4 Lege mit Rechengeld und schreibe so:
1,15 € = 1 € 15 Cent = 115 Cent

1€	10	1
1	1	5
2	3	9
5	0	7
	8	5
		9

5 Schreibe alle Beträge als Kommazahlen. Ordne sie. Beginne mit dem kleinsten Wert.

a) 7,45 €   425 Cent   7 € 55 Cent   705 Cent   457 Cent   4 € 15 Cent

b) 0,69 €   79 Cent   9 Cent   1 € 90 Cent   59 Cent   109 Cent

c) 3,09 €   359 Cent   3 € 19 Cent   3,95 €   3 € 49 Cent   390 Cent

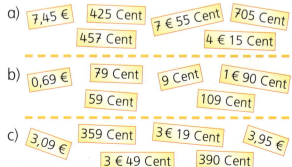

Erst Euro, dann Cent

1

Pinsel	1,20 € / 2,40 DM
Lack	2,40 € / 4,80 DM
Seidenmalfarbe	2,30 € / 4,60 DM
Seidentuch	2,20 € / 4,40 DM
Schreibblock	0,90 € / 1,80 DM
Plakatkarton	0,60 € / 1,20 DM
Plakatstift	2,90 € / 5,80 DM
Filzstifte	2,70 € / 5,40 DM
Wachsmalstifte	3,70 € / 7,40 DM
Fingerfarben	4,60 € / 9,20 DM

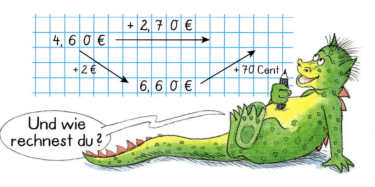

4, 6 0 €	+	2, 7 0 €	=				
4 €	+	2 €		=	6 €		
6 0 Cent	+	7 0 Cent	=	1 3 0 Cent			
				=	1, 3 0 €		

$$4,60 \text{ €} \xrightarrow{+ 2,70 \text{ €}}$$
$$+ 2 \text{ €} \searrow \qquad 6,60 \text{ €} \xrightarrow{+ 70 \text{ Cent}}$$

Und wie rechnest du?

2 Wie viel Geld kostet es zusammen?

a) Wachsmalstifte
und Plakatkarton

b) Seidenmalfarbe
und Pinsel

c) Filzstifte
und Lack

d) Wachsmalstift
und Schreibblock

3
a) 3,60 € + 2,30 €
4,20 € + 3,50 €
6,40 € + 2,60 €

b) 4,70 € + 3,70 €
2,80 € + 6,30 €
1,90 € + 4,40 €

c) 5,40 € + 1,80 €
3,50 € + 5,70 €
2,90 € + 4,60 €

5,50 €   5,90 €   6,30 €   7,20 €   7,50 €   7,70 €   8,40 €   9 €   9,10 €   9,20 €

45

4 Kerstin kauft im Bastelladen ein Seidentuch und bezahlt
mit einem 10-Euro-Schein.
Wie viel Euro bekommt sie zurück?

Schreibe:
2,20 € + ___ € = 10 €

5 Wie viel Geld bezahlen die Kunden? Wie viel Geld bekommen sie zurück?

a) Martin hat 9 Euro.

Eine Packung Filzstifte.

b) Inge hat 7 Euro.

Plakatkarton und einen Schreibblock.

c) Morten hat 10 Euro.

Einen Schreibblock und Wachsmalstifte.

d) Nina hat 8 Euro.

Ein Glas Seidenmalfarbe und Plakatkarton.

e) Philipp hat 10 Euro.

Seidenmalfarbe und ein Seidentuch.

f) Herr Kästner hat 20 Euro.

Einen Pinsel, zwei Gläser Lack und einen Plakatkarton.

6 Wie viel Euro bekommst du von 10 Euro zurück?
5,70 €   7,95 €   8,10 €   6,35 €   7,05 €   5,85 €

7 Die beiden Ergebnisse zusammen ergeben immer 10 Euro.
a) 9,70 € − 3,40 €
   7,20 € − 3,50 €

b) 5,40 € − 2,60 €
   8,50 € − 1,30 €

c) 8,10 € − 2,30 €
   9,10 € − 4,90 €

 8 Frau Loose kauft im Bastellladen Waren für 21,80 Euro.
Sie zahlt mit einem 100-Euro-Schein.

Übungsteil Seite 123, Aufgaben 8 – 11

Zahlines Zaubersaft

1

> – gibt Kindern Drachenkraft

In welches Glas passt mehr Saft?
Erzähle.

2

In welchem Gefäß ist mehr Saft,
in der Packung oder in der Flasche?

3

> Es gibt auch weißen Zaubersaft.

> 0,5 l ist ein halber Liter.
> 0,25 l ist ein viertel Liter.

Kennst du andere Gefäße,
in die 1 Liter ($\frac{1}{2}$ Liter, $\frac{1}{4}$ Liter) passt?
Probiere es aus.

4

> Menschen, Tiere und Pflanzen brauchen zum Leben klaren Zaubersaft.

Ordne zu:

2 l 10 l 0,5 l 1 l 5 l 100 l

Erstaunliches von Tieren

1 Wie viel sie wiegen – wie groß sie sind.

a) Elefantenbaby 100 kg Schulterhöhe 1 m
b) Löwe 200 kg Schulterhöhe 1 m
c) Gorillaweibchen 150 kg Größe 1,60 m
d) Gorillababy 750 g

e) Orang-Utan 75 kg Größe 1,75 m
f) Schimpanse 50 kg Größe 1,50 m
g) Ein Floh ist ungefähr 2 mm lang.

2 Wie alt sie werden können.

a) Ameise
b) Arbeitsbiene 15 Jahre
c) Bär 6 Wochen f) Hund
d) Elefant 50 Jahre g) Huhn
e) Gorilla 110 Jahre h) Kaninchen 15 Jahre
40 Jahre i) Karpfen 5 Jahre
j) Katze 6 Jahre
100 Jahre
12 Jahre

3 Wie viel sie fressen.

a) Ein Gorilla vertilgt an einem Tag 30 kg Pflanzenteile und Blätter.
b) Kühe fressen im Sommer etwa 60 kg Gras täglich.
c) Zoo-Elefanten brauchen täglich 75 kg Futter (Heu, Rüben, Hafer) und 100 l Wasser.
d) Löwen können pro Mahlzeit bis zu 30 kg Fleisch fressen und jagen dann erst nach einigen Tagen wieder; sie dösen bis zu 20 Stunden.

4 Was sie können.

a) Eine Biene produziert in ihrem ganzen Leben 1 g Honig.
b) Ein Blauwal-Weibchen gibt seinem Baby täglich 500 l Milch.
c) Das Blauwal-Baby wächst im ersten halben Lebensjahr um mehr als 1 m im Monat und nimmt täglich um 100 kg zu.
d) Eine Kuh gibt am Tag etwa 10 l Milch.
e) Ein Kamel kann 130 l Wasser auf einmal trinken.
f) Ein Elefant kann mit seinem Rüssel 5 l Wasser auf einmal aufnehmen.
g) Ein Löwe kann bis zu 12 m weit springen, eine Katze schafft etwa 3 m.

Zahlen zum Vergleichen, Ordnen, Weiterrechnen und Staunen.
Suche ähnliche Angaben, vergleiche.

Im Auto unterwegs

1 Frau Münzig will von Kassel über Frankfurt und Koblenz nach Trier fahren.

> F: Wie lang ist die Fahrstrecke?
>
> R: 190 km + 120 km + 110 km =

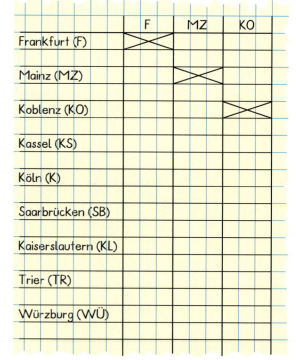

2 Frau Trapp aus Mannheim macht eine Geschäftsreise. Zuerst hat sie in Frankfurt zu tun, danach in Kassel. Von dort fährt sie wieder nach Hause.

3 Frau Dau ist mit dem Auto von Kassel nach Saarbrücken unterwegs. Nach 300 km macht sie eine kurze Pause.

4 Herr Lauser ist auf dem Weg von Köln über Mainz nach Würzburg. Nach einer Pause sieht er auf dem Kilometerzähler, dass er schon 200 km gefahren ist.

48

5 Übertrage die Entfernungstabelle ins Heft. Rechne die Entfernungen aus und trage sie in die Tabelle ein.
Überlege: Warum sind einige Felder in der Tabelle durchgestrichen? Musst du für jedes Feld in der Tabelle eine neue Aufgabe rechnen?

	F	MZ	KO
Frankfurt (F)	✕		
Mainz (MZ)		✕	
Koblenz (KO)			✕
Kassel (KS)			
Köln (K)			
Saarbrücken (SB)			
Kaiserslautern (KL)			
Trier (TR)			
Würzburg (WÜ)			

6 Wie weit ist es?
a) KS – WÜ – KS   b) F – KS – F
c) K – MZ – K   d) K – TR – KO – K

7 a) WÜ – F – KO – TR   b) KS – WÜ – F – KS
c) MZ – KO – TR – SB – MA – F – MZ
d) SB – MA – F – KO – K – TR – SB

8 Herr Rennemann fährt von Frankfurt nach Kassel und zurück. Bei der Abfahrt zeigt sein Kilometerzähler 000 540.
a) Was zeigt der Kilometerzähler in Kassel?
b) Was zeigt der Kilometerzähler bei der Rückkehr?

9 Frau Clausen fährt von Frankfurt nach Trier und zurück. Bei der Abfahrt zeigt ihr Kilometerzähler 000 380.
Was zeigt der Kilometerzähler bei der Rückkehr?

Rechen-Olympiade

Blauer Kasten (blue box):

a)
220 + 230	190 + 190
360 + 120	290 + 260
170 + 290	360 + 150
480 + 130	260 + 270

340 380 450 460 480 510 530 550 610

b)
870 − 150	410 − 320
560 − 120	640 − 270
730 − 310	870 − 350
920 − 560	930 − 740

90 190 250 360 370 420 440 520 720

c)
480 + 360	550 + 380
480 − 360	550 − 380
530 + 270	660 + 260
530 − 270	660 − 260

120 170 260 400 650 800 840 920 930

Schwarzer Kasten (black box):

a)
720 + 12	360 + 42
720 + 120	360 + 420
320 + 57	680 + 24
320 + 570	680 + 240

377 402 555 704 732 780 840 890 920

b)
650 − 24	570 − 37
650 − 240	570 − 370
320 − 16	430 − 26
320 − 160	430 − 260

160 170 200 304 404 410 533 626 700

c) Nimm das Doppelte von 180.
Subtrahiere davon 27.

Roter Kasten (red box):

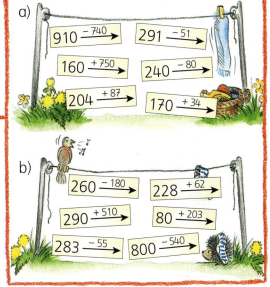

a)
910 $\xrightarrow{-740}$ 291 $\xrightarrow{-51}$
160 $\xrightarrow{+750}$ 240 $\xrightarrow{-80}$
204 $\xrightarrow{+87}$ 170 $\xrightarrow{+34}$

b)
260 $\xrightarrow{-180}$ 228 $\xrightarrow{+62}$
290 $\xrightarrow{+510}$ 80 $\xrightarrow{+203}$
283 $\xrightarrow{-55}$ 800 $\xrightarrow{-540}$

Gelber Kasten (yellow box):

kg 1,70 €   kg 1,40 €   kg 1,55 €   kg 2,40 €

a) Frau Seifert kauft 1 kg Äpfel
   und 2 kg Birnen.

b) Katharina kauft 1 kg Äpfel,
   1 kg Bananen und 1 kg Birnen.

c) Lutz kauft $\frac{1}{2}$ kg Weintrauben.

d) Herr Bäumler kauft 1 kg Äpfel
   und 1 kg Birnen. Er zahlt mit
   einem 10-Euro-Schein.

e) Sophie kauft 2 kg Weintrauben.
   Sie zahlt mit einem 10-Euro-
   Schein.

1,20 € 2,40 € 4,50 € 4,65 € 5,20 € 6,90 €

Grüner Kasten (green box):

a) Schreibe alle Beträge als
   Kommazahlen und ordne sie.
   Beginne mit dem kleinsten Wert.

3,09 €   390 Cent   30 € 9 Cent
3 € 19 Cent   359 Cent
30 € 90 Cent

b)
5,30 € + 2,80 €
1,80 € + 2,90 €
8,10 € − 2,40 €
7,40 € − 5,80 €

1,60 €   3,40 €   4,70 €   5,70 €   8,10 €

Laterne, Laterne

 1 Baut einen Würfel. Die Kanten sollen 15 cm lang sein.
So erhaltet ihr die Ecken.

Falten   Einschneiden   Einklappen   Kleben

> Wie viele Ecken?
> Wie viele Kanten?

2 Die Laternen sind noch nicht fertig. Wie viele Kanten fehlen noch? Wie viele Ecken?

a) 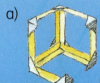   b)   c)   d)   e)

3 Würfel und Quader sind Verwandte. Wenn sie sprechen könnten …

a)

> Ich habe 8 Ecken.
> Ich habe ___ Kanten, alle gleich lang.
> Ich habe ___ Seitenflächen,
> ihre Form ist ein _____ .

b)

4

a) Ich habe
16 Ecken,
nämlich
4 unten,
4 oben,
4 vorne,
4 hinten.

b) Ich habe 8 Ecken.
In jeder Ecke
kommen 3 Kanten
zusammen.
Also habe ich
24 Kanten.

c) Ich habe 12 Kanten.
Immer 4 Kanten
bilden eine Seiten-
fläche. Also habe
ich 3 Seitenflächen.

Viele Sterne

1 Findest du zu jeder Figur das passende „Haus"?

a)   b)   c)   d)   e)   f)

① ② ③ ④ ⑤ ⑥

2 Die Kinder haben Sterne ausgeschnitten und ihnen ihre Namen gegeben.

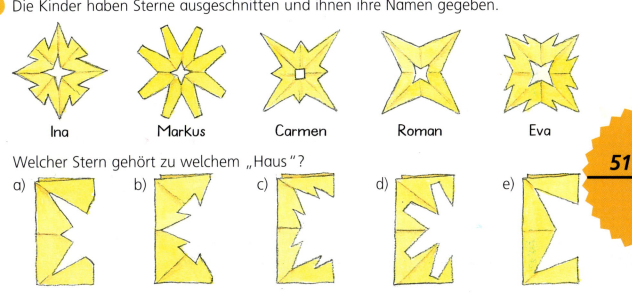

Ina   Markus   Carmen   Roman   Eva

Welcher Stern gehört zu welchem „Haus"?

a)   b)   c)   d)   e)

3 Schneidet selbst Figuren aus.
Dann lasst raten: Zu welchem „Haus" gehört die Figur?

4 Aus einem kleinen Quadrat
könnt ihr einen Drachen falten.
Faltet viele bunte Drachen.

5 Klebt mit den Drachen andere schöne Muster und schmückt damit das Klassenzimmer.

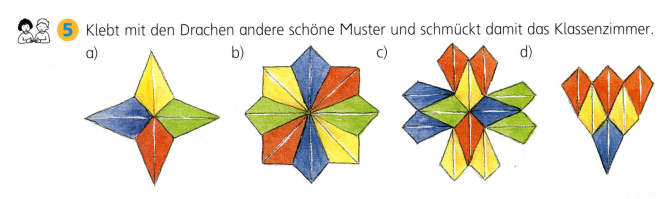

a)   b)   c)   d)

Mit dem Spiegel ...

1 Viele Dinge sind symmetrisch. Prüfe mit einem Spiegel.
Die Linie, auf der der Spiegel steht, heißt Spiegelachse. Manche Dinge haben mehrere Spiegelachsen.

2 Stelle dir vor, die Dinge würden so aussehen.

1 a)  b)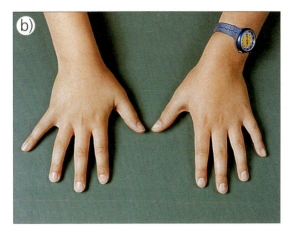

2 Wie spät ist es?

a) 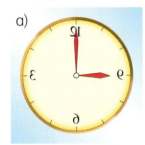 b) 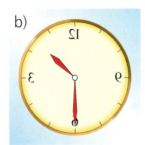 c) 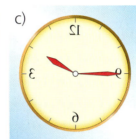 d)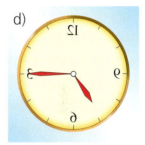

3 Warum sind die Schilder wohl in Spiegelschrift geschrieben?

4 Wie heißen die Kinder? Mit dem Spiegel kannst du es lesen.

 5 Schreibt alle großen Druckbuchstaben auf. Prüft mit dem Spiegel. Welche Buchstaben haben eine Spiegelachse? Welche haben zwei?

6 Die Kinder haben ihre Namen in Spiegelschrift geschrieben.

53

Längen

Länge des Weges von zu Hause zum Sportplatz:

ungefähr 4 ____

Länge von Alexanders Fußballschuhen:

24 ____

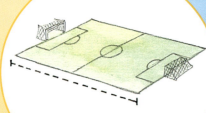

Länge des Fußballfeldes:

100 ____

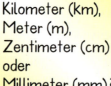

Kilometer (km),
Meter (m),
Zentimeter (cm)
oder
Millimeter (mm)?

Stollenlänge an Alexanders Fußballschuhen:

16 ____

Eine Runde auf der Laufbahn des Sportplatzes:

400 ____

Umfang des Fußballs:

70 ____

54

Länge der Rückennummer auf Alexanders Trikot:

26 ____

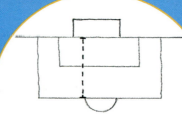

Entfernung der Strafraumlinie zum Tor:

16,50 ____

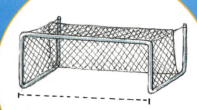

Breite des Fußballtors:

7,32 ____

1 Ordne zu: 12 mm   11 cm   24 cm   35 cm   44 cm   50 cm
Schuhlänge Schrittlänge Kopfumfang Daumenbreite Spannenlänge Länge des Unterarms

Zentimeter und Millimeter

1 Wie lang ist der Streifen? Sebastian meint: „Etwas länger als 6 Zentimeter."
Sabrina sagt es genauer: „6 Zentimeter und 3 Millimeter."
Hakan sagt: „Es sind 63 Millimeter."

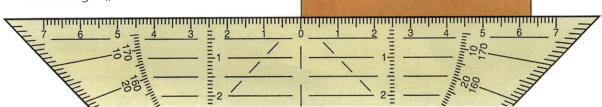

2 Hier sind Schmetterlinge in Originalgröße abgebildet. Hast du sie schon einmal
gesehen? Vergleiche ihre Größe, miss ihre Länge und Spannweite.

Kleiner Eisvogel

Tagpfauenauge

Bläuling

3 So groß sind Insekten:

| Fliege | 17 mm | Biene | 16 mm | Mücke | 11 mm | Libelle 66 mm |
| Wespe | 22 mm | Hummel | 23 mm | Hornisse | 25 mm | |

a) Zeichne die Körperlänge der Insekten
mit dem Geodreieck oder einem Lineal
als Strecke in dein Heft.

├──────┤ Fliege
  17 mm

b) Sind die Bienen auf dem Foto größer
oder kleiner als in Wirklichkeit?

c) Lies im Lexikon nach. Wie groß ist
ein Marienkäfer,   ein Floh,
eine Ameise,   eine Blattlaus?

4 Zeichne mit dem Geodreieck oder dem Lineal die Strecken.
Wie viel Millimeter sind es?

a = 6 cm 5 mm   b = 3 cm 3 mm   c = 5 cm 7 mm   d = 1 cm 4 mm

1 cm = 10 mm

5 Zeichne: a = 8 cm   b = 12 cm   c = 19 cm   d = 22 cm

6 Wie viel Zentimeter und Millimeter sind es? Zeichne auch diese Strecken.

a = 77 mm   b = 46 mm   c = 90 mm   d = 105 mm   e = 114 mm

7 Miss. Gib die Länge in Millimeter an, dann schreibe auch in Zentimeter und Millimeter.
Radiergummi   Bleistift   Anspitzer   Buntstift   Federtasche

Alles in …

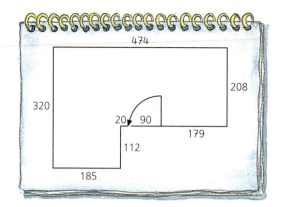

1 Bald will Fredericks Familie umziehen.
Das ist der Plan von Fredericks neuem Kinderzimmer.
Was bedeuten die Zahlen im Plan?

2 Gib die Längen in Meter und Zentimeter an.
Schreibe so: 474 cm = 4 m 74 cm

3 Frederick hat Einrichtungsgegenstände aus seinem alten Kinderzimmer gemessen.
Wie viel Zentimeter sind es?

Kleiderschrank 1 m 70 cm   Schreibtisch 1 m 65 cm   Bett   2 m 4 cm
Spielzeugkiste 1 m 10 cm   Garderobe   1 m 9 cm   Schrank 2 m 26 cm

4 Schreibe in Zentimeter.

a) 3 m 65 cm   b) 1 m 50 cm   c) 6 m 5 cm   d) 10 m 50 cm   e) 10 m 10 cm
   4 m 27 cm   8 m 20 cm   9 m 8 cm   10 m 25 cm   10 m 5 cm

5 Fredericks Schwester Marie sagt:
„Dein Kleiderschrank ist 17 dm breit."
Gib auch die anderen Längen aus Aufgabe 3 in Dezimeter und Zentimeter an.
Schreibe so:
Kleiderschrank   17 dm
Schreibtisch   16 dm ____ cm

6 Schreibe in Zentimeter.

a) 2 dm   b) 12 dm   c) 2 dm 5 cm   d) 7 dm 2 cm   e) 10 dm 8 cm
   4 dm   17 dm   3 dm 6 cm   9 dm 5 cm   16 dm 4 cm

---

7 Frederick braucht für sein neues Zimmer ein Regal.

a) Wie viel Platz benötigt Frederick?
b) Welche Teile soll Frederick im Baumarkt kaufen?
c) Was kostet es?
d) Wie kann Frederick sein Regal einrichten?

Meter, Dezimeter, Zentimeter

1 Wo stehen diese Verkehrszeichen?
Was bedeuten diese Verkehrszeichen?
Wie viel Meter und Zentimeter sind es?

2,1 m sind
2 m 10 cm

2 Fredericks Vater hat für den Umzug einen Last-wagen gemietet. Er ist 3,62 m hoch und 2,70 m breit. Wo kann er hin-durch fahren, wo nicht?

3 Fredericks Onkel hilft beim Umzug. Sein Transporter ist 2,57 m hoch und 1,94 m breit. Wo kann er hindurch fahren, wo nicht?

4 Gib die Breite oder die Höhe auf den Schildern auch in den anderen Schreibweisen an.
Schreibe: a) 2,75 m = 2 m 75 cm = 275 cm

5 Übertrage die Tabelle in dein Heft und fülle sie aus.

135 cm			200 cm		108 cm		95 cm
1 m 35 cm	2 m 15 cm			3 m 40 cm			
1,35 m		4,50 m				2,05 m	

6 Fredericks Mutter besorgt im Baumarkt Fußleisten.
Sie findet einige Sonderangebote in der Restekiste.
Lege zwei Leisten aneinander. Wie lang sind sie zusammen?
a) Gib fünf Beispiele an.
b) Es gibt insgesamt neun verschiedene Längen.
   Findest du sie alle?

7 a) Drei Leisten aneinander gelegt sollen zwischen 6 m und 6,50 m lang sein. Es gibt verschiedene Möglichkeiten.
   Gib drei Beispiele an.
b) Du kannst mit drei Leisten auch genau 6 m erreichen.
   Es gibt zwei Möglichkeiten. Findest du beide?

8 Die beiden Ergebnisse ergeben zusammen immer 5,50 m.
   a) 10,00 m – 5,40 m
      8,30 m – 7,40 m
   b) 6,50 m – 3,80 m
      5,30 m – 2,50 m
   c) 9,40 m – 5,80 m
      6,80 m – 4,90 m

Skater-Wünsche

$$124 + 119 =$$

$124 + 100$	$=$	224
$224 + 10$	$=$	234
$234 + 9$	$=$	243

Top Angebot
124,00 €
248,00 DM

Skates und Schutz-Set

Schutz-Set

im Set mit Helm
119,00 €
238,00 DM

25,00 €
50,00 DM

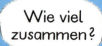

38,00 €
76,00 DM

Wie viel zusammen?

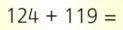

$$124 + 119 =$$

$100 + 100$	$=$	200
$20 + 10$	$=$	30
$4 + 9$	$=$	13

	1	2	4
+	1	1	9
		1	
	2	4	3

Schriftliches Addieren

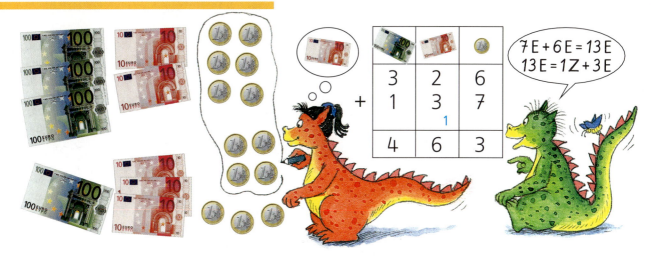

1 Lege mit Rechengeld, dann addiere. Schreibe wie Zahlix und Zahline.

100	10	1
2	5	8
1	2	6

100	10	1
3	4	2
2	7	1

100	10	1
3	7	8
1	6	5

2 Zuerst die Einer,   dann die Zehner,   dann die Hunderter.

59

3 Zuerst die Einer, dann die Zehner, dann die Hunderter.

a)	H	Z	E
	3	2	5
+	4	1	6

697

b)	H	Z	E
	2	4	4
+	4	5	3

741

c)	H	Z	E
	5	8	7
+	2	5	7

785

d)	H	Z	E
	2	2	6
+	7	6	9

844

e)	H	Z	E
	7	6	7
+	1	5	2

919

f)	H	Z	E
	6	4	2
+	3	4	7

989

995

4
a) $324 + 237$ b) $458 + 324$ c) $492 + 281$ d) $563 + 286$ e) $451 + 287$ f) $428 + 281$ g) $589 + 338$

561   709   738   773   782   849   891   927

5 Schreibe untereinander, dann rechne.

a) $118 + 137$ b) $266 + 436$ c) $96 + 216$ d) $87 + 158$ e) $159 + 117$
  $457 + 215$ $409 + 256$ $197 + 278$ $143 + 357$ $444 + 78$

245   255   276   312   475   500   522   585   665   672   702

Übungsteil Seite 124, Aufgaben 1 – 6

Skater Rallye ...

1 Besondere Ergebnisse

436	346	227	507	487	167
+ 264	+ 454	+ 373	+ 393	+ 513	+ 333

2 a)

364	291	384	535
+ 423	+ 604	+ 464	+ 228

| 763 | 787 | 848 | 867 | 895 |

b)

728	361	465	237
+ 111	+ 274	+ 123	+ 682

| 588 | 635 | 653 | 839 | 919 |

3 Was fällt auf?

67	274	347
+ 56	+ 182	+ 442

396	107	158
+ 591	+ 547	+ 154

4 Ein Ergebnis ist anders.

a)
423 + 452   326 + 549
609 + 266   789 + 86
453 + 404   678 + 197

b)
641 + 276   831 + 86
216 + 701   719 + 198
609 + 307   634 + 283

5 Quersumme 15

215	207	355	577
+ 421	+ 537	+ 317	+ 329

440	637	307	212
+ 385	+ 107	+ 527	+ 424

6 Drei Ergebnisse zusammen 1000.

a)
185	174	251
+ 123	+ 103	+ 164

b)
57	214	119
+ 109	+ 387	+ 114

7 Die 6. Aufgabe fehlt.

a)
124 + 235   241 + 352   412 + 523
142 + 253   214 + 325   ■ + ■

b)
134 + 213   341 + 132   413 + 321
143 + 231   314 + 123   ■ + ■

c)
246 + 357   462 + 573   624 + 735
264 + 375   426 + 537   ■ + ■

60

...auf dem Schulhof

8...14...23

Schreibe 3, übertrage 2!

$$\begin{array}{ccc} 3 & 5 & 9 \\ 1 & 0 & 6 \\ + 3 & 2 & 8 \end{array}$$

9 Wie viel fehlt noch an 1000 €?

509 € + 358 € + 124 €
96 € + 657 € + 239 €
452 € + 138 € + 399 €
325 € + 153 € + 507 €

8 €   9 €   11 €   12 €   15 €

8

283	639	428	747
+ 308	+ 235	+ 89	+ 26
+ 321	+ 57	+ 326	+ 167

793   843   887   912   931   940

10 a) Quersumme 19

177 + 106 + 303
314 + 277 + 337
273 + 487 + 231
94 + 628 + 197

b) Quersumme 17

187 + 94 + 256 + 416
309 + 63 + 326 + 264
255 + 78 + 548 + 54
46 + 96 + 608 + 158

11

$$\begin{array}{cc} 3 \blacksquare & 7 \\ + 2 & 3 \blacksquare \\ \hline \blacksquare & 8 & 3 \end{array}$$

$$\begin{array}{cc} 3 \blacksquare & 3 \\ + 2 & 1 \blacksquare \\ \hline \blacksquare & 6 & 9 \end{array}$$

$$\begin{array}{cc} 3 & 6 \blacksquare \\ + 2 \blacksquare & 5 \\ \hline \blacksquare & 3 & 9 \end{array}$$

$$\begin{array}{cc} 4 & 3 \blacksquare \\ + 2 \blacksquare & 8 \\ \hline \blacksquare & 9 & 3 \end{array}$$

$$\begin{array}{cc} 7 & \blacksquare 4 \\ + \blacksquare & 6 & 4 \\ \hline 9 & 6 \blacksquare \end{array}$$

12 a) Mutter kauft für Ina Skates
zu 119 € und Zubehör zu 105 €.

Kartei

b) Ina kauft sich noch Handschuhe
zu 34 € und Ersatzrollen zu 39 €.

13 Addiere 179 und 228. Zum Ergebnis
addiere noch 259. Das Ergebnis ist eine
besondere Zahl.

Addiere 247 und das Doppelte von 342.
Wie heißt das Ergebnis?

61

Im Kopf oder schriftlich?

1 Welche Aufgaben rechnest du im Kopf? Welche schriftlich?

Die kann ich im Kopf!

Die rechne ich lieber schriftlich.

im Kopf

schriftlich

207 + 400

187 + 436

300 + 418 = 718

399 + 398

368 + 517

274 + 468

687 + 91

409 + 451

750 + 130

130 + 420 = 550

199 + 200

```
  274
+ 468
   1 1
  742
```

2 Im Kopf oder schriftlich? Wie geht es schneller? Entscheide bei jeder Aufgabe neu. Alle Ergebnisse haben die Quersumme 12.

a)	b)	c)
250 + 320	80 + 580	300 + 140 + 400
410 + 304	61 + 221	107 + 403 + 204
312 + 312	200 + 415	150 + 202 + 200
99 + 246	178 + 455	246 + 417 + 258
352 + 200	401 + 133	302 + 302 + 299
524 + 289	480 + 450	350 + 200 + 101

3 Bei jedem Ergebnis ist die Quersumme 9 oder 18.

a) (400 | 580 | 688 ⊕ 140 | 203 | 275)   b) (200 | 209 | 290 ⊕ 520 | 646 | 700)

4

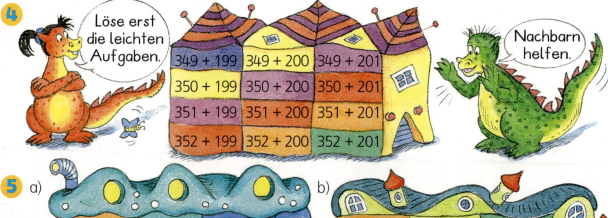

Löse erst die leichten Aufgaben.

349 + 199	349 + 200	349 + 201
350 + 199	350 + 200	350 + 201
351 + 199	351 + 200	351 + 201
352 + 199	352 + 200	352 + 201

Nachbarn helfen.

5

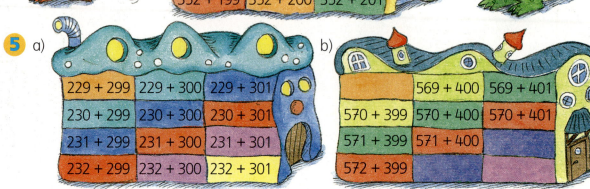

a)

229 + 299	229 + 300	229 + 301
230 + 299	230 + 300	230 + 301
231 + 299	231 + 300	231 + 301
232 + 299	232 + 300	232 + 301

b)

	569 + 400	569 + 401
570 + 399	570 + 400	570 + 401
571 + 399	571 + 400	
572 + 399		

Schätze, Schätze

1 Nimm zwei Schlüssel. Addiere die Zahlen. Wenn das Ergebnis eine Schatzzahl ist, öffnet sich die Truhe.

A 98   B 140   C 220   D 303
E 410   F 599   G 650   H 880

Nur der kommt an die Schätze ran, der zwei Zahlen klug addieren kann.

Jch probiere A und D.

100 + 300 = 400 Die passen!

unter 500
A, D 98 + 303 =

98 · 303 ·

5 Schatzzahlen

___ + ___
unter 500

2 Das selbe Schlüsselbrett, zwei andere Schatztruhen. Welche Schlüssel passen? Wie heißen die Schatzzahlen?

a) 5 Schatzzahlen
___ + ___
zwischen 800 und 1000

Jch probiere C und H.
Die passen sicher nicht.

220   880

b) 6 Schatzzahlen
___ + ___
zwischen 600 und 800

3 Ein neues Schlüsselbrett. Welche Schlüssel passen? Wie heißen die Schatzzahlen?

A 99   B 104   C 202   D 303   E 350   F 460   G 520   H 699

7 Schatzzahlen
___ + ___
unter 500

6 Schatzzahlen
___ + ___
zwischen 800 und 1000

7 Schatzzahlen
___ + ___
zwischen 600 und 800

4 Zahline hat eine Kiste mit Zahlenrätseln gefunden.

Alle Zahlen in dieser Kiste haben drei verschiedene Ziffern.

a) Die größte Zahl mit der Quersumme 20.

b) Die größte Zahl mit der Quersumme 8.

c) Die kleinste Zahl mit der Quersumme 5.

d) Die kleinste Zahl mit der Quersumme 12.

e) Die kleinste Zahl mit der Quersumme 20.

Kannst du selbst Zahlenrätsel erfinden?

Alles für die Schule

1

€	Cent
4	4 9
+ 0	9 4
	1 1
5	4 3

4, 4 9 €
0, 9 4 €
1 1
5, 4 3

Wachsmaler 4,49 € / 8,98 DM

2,99 € / 5,98 DM

1,39 € / 2,78 DM

0,94 € / 1,88 DM

Zeichenblock

1,74 € / 3,48 DM

2,49 € / 4,98 DM

SAMMELMAPPE

8,40 € / 16,80 DM

3,40 € / 6,80 DM

KLADDE

1,99 € / 3,98 DM

Schüler-Kalender

4,95 € / 9,90 DM

7,50 € / 15,00 DM

Heftbox

0,49 € / 0,98 DM

0,39 € / 0,78 DM

4,00 € / 8,00 DM

2 Was kostet es zusammen?

a)    b)    c)

3 a)    b)

4 Die drei Ergebnisse ergeben zusammen 20 Euro.

a) 2,55 € + 6,80 €
   3,98 € + 4,29 €
   1,59 € + 0,79 €

b) 6,19 € + 0,89 €
   2,39 € + 5,48 €
   2,46 € + 2,59 €

c) 3,48 € + 2,78 € + 0,57 €
   3,29 € + 3,99 € + 0,39 €
   2,23 € + 2,23 € + 1,04 €

d) 2,07 € + 1,52 € + 3,90 €
   0,75 € + 3,50 € + 3,55 €
   1,57 € + 1,57 € + 1,57 €

5 Alle vier Ergebnisse zusammen ergeben 20 Euro.

a) (3 € | 4,75 € ⊕ 0,96 € | 1,29 €)   b) (0,49 € | 5,39 € ⊕ 1,60 € | 2,52 €)

6 Wählt zwei oder drei Dinge aus und sagt zuerst, was es ungefähr kostet. Dann rechnet genau.

7
 Kartei

Jnes kauft für sich und ihre Schwester zwei Zeichenblöcke und zwei Farbkästen.
Kommt sie mit 10 Euro aus?
Wie viel Euro kostet es genau?

8

Patrick kauft eine Metall-Spardose zu 2,99 Euro und ein Metall-Etui zu 1,99 Euro.
Er sagt: „Zusammen kostet es ungefähr 5 Euro."

Übungsteil Seite 124, Aufgabe 9

64

Skispringen

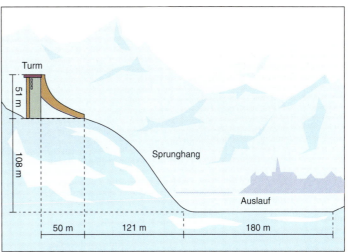

Turm

51 m

108 m

Sprunghang

Auslauf

50 m   121 m   180 m

1 Wie hoch ist der Turm?

2 Wie hoch ist der Sprunghang?

3 Wie lang ist der Auslauf?

4 F.: Wie hoch ist die gesamte Schanze?

R.:

A.:

5 Der Kölner Dom ist 3 m niedriger als die Schanze.

6 Der Fernsehturm in Berlin ist 206 m höher als die Schanze.

7

Schanzenrekorde

1926	35	m
1931	47	m
1950	86	m
1951	101	m
1970	103,50	m
1978	107,50	m
1985	113	m
1996	134	m

a) Wie viel Meter sprangen die Springer 1950 weiter als 1926?

b) Wie viel Meter sprangen die Springer 1996 weiter als 1951?

c) Vergleiche 1978 mit 1970

d) Vergleiche 1996 mit 1926

e) Die Schanze wurde viermal vergrößert. In welchen Jahren war das wohl?

8

17. Weltcup-Springen

Ergebnisse

Name	1. Sprung	2. Sprung	Gesamt	Rang
		Punkte		
Ahonen (F)	113	102		
Funaki (J)	117	101		
Höllwarth (A)	115	122		
Okabe (J)	127	97		
Peterka (CZE)	119	107		
Thoma (D)	120	110		

Viele Fragen – viele Rechnungen

212   215   218   224   226   230   237

9 Dieter Thoma ist 30 Jahre alt, Martin Höllwarth 25 Jahre. Beide springen mit 2 m langen Skiern. Wie weit springen sie?

Zielen mit Ziffernkärtchen

Zahlix und Zahline wählen sechs Ziffernkärtchen und legen sie in den Köcher.

Jeder nimmt drei Kärtchen aus dem Köcher und steckt sie auf seinen Pfeil. Dann zielen sie.

$$\begin{array}{r} 273 \\ +\ 518 \\ \hline 791 \end{array}$$

1 Stecke dieselben Ziffernkärtchen anders auf die Pfeile und rechne. Manchmal erhältst du trotzdem dasselbe Ergebnis.

2 Stecke diese Ziffernkärtchen auf zwei Pfeile und ziele.

Gute Schützen treffen mehrmals.

a) Ergebnis kleiner als 500

b) Ergebnis größer als 1000

c) zwischen 600 und 800

66

3 Wählt selbst sechs verschiedene Ziffernkärtchen und zielt wie in Aufgabe 2.

4 Stecke diese Ziffernkärtchen auf die Pfeile und ziele.

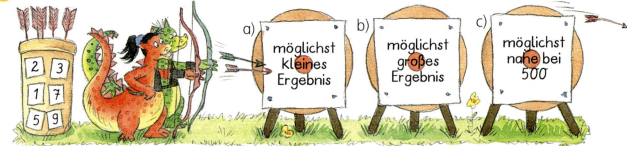

a) möglichst kleines Ergebnis

b) möglichst großes Ergebnis

c) möglichst nahe bei 500

5 Wählt sechs verschiedene Ziffernkärtchen. Zielt damit wie in Aufgabe 4.

6 Mit welchen Ziffernkärtchen trefft ihr hier?

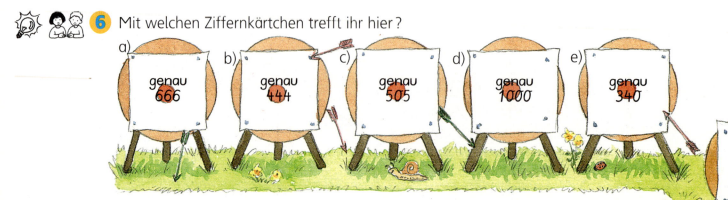

a) genau 666

b) genau 444

c) genau 505

d) genau 1000

e) genau 340

Rechen-Olympiade

a)
```
  651      275      461      384
+ 184    + 390    + 258    + 307
```

```
  524      645      168      237
+ 357    + 208    + 415    + 582
```

538   583   665   691   719
819   835   853   881

b) Schreibe untereinander und rechne.

304 + 336   684 + 291   381 + 319
472 + 293   509 + 347   457 + 353
507 + 395   431 + 229   346 + 254

600   640   660   700   765
810   856   902   975   985

c)

488   520   546   688   698
720   746   799   831   857

Im Kopf oder schriftlich?

a) 500 + 360   498 + 370
   524 + 369   299 + 400
   248 + 576   470 + 280
   699 + 180   299 + 301
   450 + 75   458 + 75
   367 + 200   179 + 221

400   525   533   567   600   699   740
750   824   860   868   879   893

b)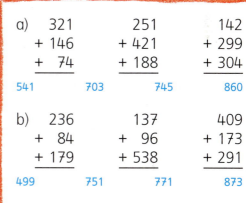

500   649   688   701   744
837   850   888   932   945

---

a)
```
  321          251          142
+ 146        + 421        + 299
+  74        + 188        + 304
```
541   703   745   860

b)
```
  236          137          409
+  84        +  96        + 173
+ 179        + 538        + 291
```
499   751   771   873

c) 107 + 95 + 216 + 350
   666 + 55 + 120 + 109
   203 + 58 + 330 + 188

625   768   779   950

---

a) Anna kauft ein Ringbuch
   zu 0,89 Euro und Klarsicht-
   hüllen zu 2,39 Euro.
   Wie viel Geld bezahlt Anna?

b) Maik kauft einen Tuschkasten
   zu 5,49 Euro und einen
   Zeichenblock zu 1,39 Euro.

c) Eva kauft Notizzettel
   zu 1,75 Euro und eine Zettel-
   box zu 3,89 Euro.

d) Karin braucht zwei Marker
   zu 0,99 Euro das Stück und
   einen Klebestift zu 1,69 Euro.

e) Andreas kauft drei Marker
   zu 0,99 Euro das Stück.

2,97 €   3,28 €   3,67 €
3,77 €   4,64 €   6,88 €

---

a)
```
  6,50 €                0,59 €
+ 2,39 €              + 4,99 €
```

b)
```
  7,68 €                0,99 €
+ 1,99 €              + 3,38 €
```

c)
```
  4,36 €                2,49 €
+ 5,18 €              + 3,79 €
```

4,37 €   5,58 €   5,98 €   6,28 €
8,89 €   9,54 €   9,67 €

d) (2,34 € 7,44 € + 1,79 € 3,43 €)

Alle vier Ergebnisse zusammen ergeben 30 Euro.

Einmaleins der Zehner

$1 \cdot 20 = 20$

$2 \cdot 20 = \underline{\quad}$

$3 \cdot 20 = \underline{\quad}$

$1 \cdot 30 = 30$

$2 \cdot 30 = \underline{\quad}$

$3 \cdot 30 = \underline{\quad}$

1

a)

b)

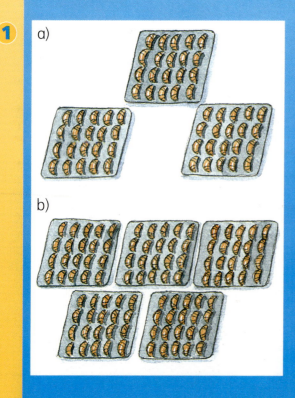

2

a)

b)

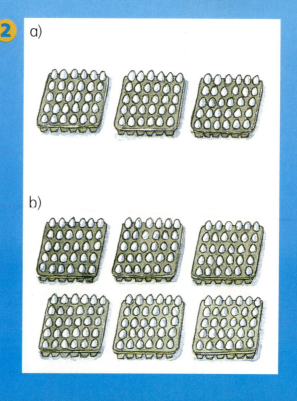

Einmaleins mit 20, mit 30

1 Wie viele Croissants sind es? Schreibe: 4 Bleche = ___ Croissants

4 Bleche   6 Bleche   5 Bleche   7 Bleche   8 Bleche   10 Bleche

2 Wie viele Bleche sind es? Schreibe: 60 Croissants = ___ Bleche

60 Croissants   100 Croissants   160 Croissants   40 Croissants   120 Croissants

3 In 20er-Sprüngen vorwärts. Schreibe wie Zahline.

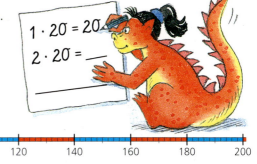

$1 \cdot 20 = 20$

$2 \cdot 20 = $ ___

$$0 \quad 20 \quad 40 \quad 60 \quad 80 \quad 100 \quad 120 \quad 140 \quad 160 \quad 180 \quad 200$$

4
a) $2 \cdot 20$
   $4 \cdot 20$
   $8 \cdot 20$

b) $3 \cdot 20$
   $6 \cdot 20$
   $0 \cdot 20$

c) $20 \cdot 5$
   $20 \cdot 10$
   $20 \cdot 6$

d) $20 \cdot 7$
   $20 \cdot 8$
   $20 \cdot 9$

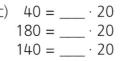

Ich kann auch die Tauschaufgaben!

69

5
a) $100 = $ ___ $\cdot 20$
   $200 = $ ___ $\cdot 20$
   $20 = $ ___ $\cdot 20$

b) $60 = $ ___ $\cdot 20$
   $160 = $ ___ $\cdot 20$
   $120 = $ ___ $\cdot 20$

c) $40 = $ ___ $\cdot 20$
   $180 = $ ___ $\cdot 20$
   $140 = $ ___ $\cdot 20$

6 Wie viele Eier sind es? Schreibe: 4 Paletten = ___ Eier

4 Paletten   6 Paletten   7 Paletten   3 Paletten   9 Paletten

7 Wie viele Paletten sind es? Schreibe: 90 Eier = ___ Paletten

90 Eier   150 Eier   270 Eier   210 Eier   240 Eier   60 Eier

8 Springe an deinem Zahlenstrahl in 30er-Sprüngen. Wo landest du? Schreibe wie Zahlix.

$1 \cdot 30 = 30$

$2 \cdot 30 = $ ___

9
a) $2 \cdot 30$
   $3 \cdot 30$
   $6 \cdot 30$

b) $8 \cdot 30$
   $9 \cdot 30$
   $10 \cdot 30$

c) $30 \cdot 4$
   $30 \cdot 8$
   $30 \cdot 0$

d) $30 \cdot 7$
   $30 \cdot 5$
   $30 \cdot 3$

10
a) $60 = $ ___ $\cdot 30$
   $120 = $ ___ $\cdot 30$
   $240 = $ ___ $\cdot 30$

b) $300 = $ ___ $\cdot 30$
   $150 = $ ___ $\cdot 30$
   $180 = $ ___ $\cdot 30$

c) $270 = $ ___ $\cdot 30$
   $210 = $ ___ $\cdot 30$
   $0 = $ ___ $\cdot 30$

Eine Fahrt ...

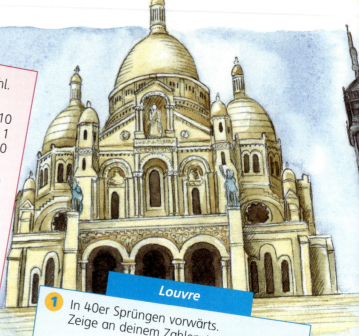

Sacré-Cœur

1. Mache 50er-Sprünge am Zahlenstrahl.

2. a) 2 · 50   b) 3 · 50   c) 50 · 10
    4 · 50   5 · 50   50 · 1
    8 · 50   7 · 50   50 · 0

3. a) 200 = ___ · 50
    300 = ___ · 50   b) 500 = ___ · 50
    150 = ___ · 50   450 = ___ · 50
                      50 = ___ · 50

4. Addiere die Ergebnisse. Du erhältst 1000.
    2 · 50 + 90
    5 · 50 + 30
                   3 · 50 – 10
                   8 · 50 – 10

5. Marcel hat sich eine Zahl ausgedacht. Er multipliziert sie mit 50 und addiert danach 200. Als Ergebnis erhält er 500.

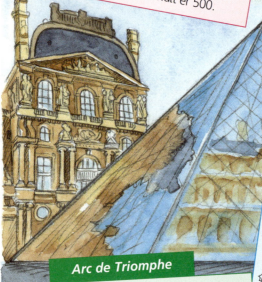

Louvre

1. In 40er Sprüngen vorwärts. Zeige an deinem Zahlenstrahl.

2. Welche Zahlen gehören zur 40er Reihe? Schreibe dazu die Mal-Aufgabe.
    160   200   250   280   320   340   360

3. a) 40 · 4   b) 40 · 3   c) 40 · 0
     40 · 8   40 · 6   40 · 9

4. 120 = ___ · 40
    240 = ___ · 40   80 = ___ · 40
    400 = ___ · 40   160 = ___ · 40
                   320 = ___ · 40

5. Addiere die Ergebnisse. Du erhältst 1000.
    5 · 40 + 60
    9 · 40 + 20   7 · 40 – 100
                 6 · 40 – 60

6. Jacqueline hat sich eine Zahl ausgedacht. Sie multipliziert sie mit 40, danach addiert sie 140. Als Ergebnis erhält sie 300.

Arc de Triomphe

1. Mache 80er-Sprünge am Zahlenstrahl.

2. Welche Zahlen gehören zur 80er-Reihe? Schreibe dazu die Mal-Aufgabe.
    160   200   240   280   320   400   480

3. a) 80 · 4   b) 80 · 2   c) 80 · 5
     80 · 8   80 · 7   80 · 10
     80 · 9   80 · 6   80 · 0

4. Was fällt dir auf?
    a) 2 · 80   b) 3 · 80   c) 5 · 80
       4 · 40   6 · 40   10 · 40

5. Addiere die Ergebnisse. Du erhältst 1000.
                 8 · 80 – 500
    2 · 80 + 30
    7 · 80 + 50   2 · 80 – 100

6. Johannas Vater fährt täglich 80 km mit dem Auto zur Arbeit. In einer Woche fährt er die Strecke fünfmal.

... durch Paris

71

Notre Dame

1 Schreibe alle Zahlen der 60er-Reihe in eine Tabelle.

·	60
1	60
2	

2 Vergleiche mit der 30er-Reihe. Welche Zahlen gehören zu den beiden Reihen? Schreibe zu diesen Zahlen beide Mal-Aufgaben auf.

3
a) 3 · 60
   6 · 60
   9 · 60
b) 60 · 5
   60 · 4
   60 · 6
c) 60 · 8
   60 · 9
   60 · 7

4

Stunden	1	3		7	10	
Minuten			300	540		660

5 Familie Köller macht eine Stadtrundfahrt durch Paris. Die Fahrt dauert 4 Stunden 45 Minuten. Anschließend wollen sie noch zu Fuß durch Paris laufen. Nach 2 Stunden und 30 Minuten holt sie der Reisebus wieder an der Kirche Notre Dame ab.

6 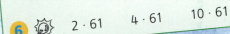   2 · 61   4 · 61   10 · 61

Opéra

1 Schreibe die Zahlen der 70er-Reihe in eine Tabelle.

·	70
1	70
2	

2
a) 70 · 3
   70 · 6
   70 · 9
b) 70 · 4
   70 · 8
   70 · 5
c) 70 · 2
   70 · 10
   70 · 0

3
a) 350 = ___ · 70
   700 = ___ · 70
   630 = ___ · 70
b) 420 = ___ · 70
   490 = ___ · 70
   560 = ___ · 70

4 Addiere die Ergebnisse. Du erhältst 1000.

4 · 70 + 50   2 · 70 − 90
3 · 70 + 30   6 · 70 − 40

5 Kannst du noch ein Päckchen schreiben?

a) 70 · 2
   20 · 7
b) 70 · 3
   30 · 7
c) 70 · 5
   50 · 7

6   2 · 71   4 · 71   10 · 71

Eiffelturm

1 Schreibe alle Zahlen der 90er-Reihe in eine Tabelle.

·	90
1	90
2	

2
a) 2 · 90
   7 · 90
b) 4 · 90
   8 · 90
c) 90 · 10
   90 · 0

3
a) 450 = ___ · 90
   720 = ___ · 90
   360 = ___ · 90
b) 810 = ___ · 90
   180 = ___ · 90
   90 = ___ · 90

4 Kannst du noch ein Päckchen schreiben?

a) 2 · 90
   9 · 20
b) 3 · 90
   9 · 30
c) 5 · 90
   9 · 50

5 Alain hat gewogen. Er sagt: „Mein Schoko-Croissant wiegt 90 g."
Wie viel wiegen a) 3 Schoko-Croissants
b) 5 Schoko-Croissants.

Tour de France

Auf zur Tour de France.
Wie viele Fahrer sind wohl auf dem Bild?

Auf der Tour

5. 7.

Ab heute sind wir viele Tage unterwegs.

🎲 Tage

27. 7.

Gewinnen ist nicht alles – ich hab' die Tour zu Ende gefahren.

🎲 km

?

Heute steht uns die längste Etappe der ganzen Tour bevor.

Tour-Kalender

Juli

Mo	30.	7.	14.	21.	28.
Di	1.	8.	15.	22.	29.
Mi	2.	9.	16.	23.	30.
Do	3.	10.	17.	24.	31.
Fr	4.	11.	18.	25.	1.
Sa	5.	12.	19.	26.	2.
So	6.	13.	20.	27.	3.

21. 7.

Heute ist eine schwere Bergetappe dran. Insgesamt 90 km geht es eben oder bergab, aber die restliche Strecke geht es meistens steil bergauf.

🎲 Juli

🎲 km bergauf

5. 7.	7 km
6. 7.	192 km
7. 7.	262 km
8. 7.	225 km
9. 7.	195 km
10. 7.	257 km
11. 7.	216 km
12. 7.	190 km
13. 7.	165 km
14. 7.	178 km
15. 7.	242 km
16. 7.	186 km
17. 7.	Ruhetag
18. 7.	55 km
19. 7.	204 km
20. 7.	140 km
21. 7.	217 km
22. 7.	180 km
23. 7.	190 km
24. 7.	164 km
25. 7.	172 km
26. 7.	63 km
27. 7.	149 km

9. 7.

Noch 70 km bis ins Ziel.

🎲 km nach dem Start

16. 7.

Heute war ich 5 Stunden 7 Minuten auf dem Rad. Davon hat es $2\frac{1}{2}$ Stunden geregnet.

🎲 Stunden 🎲 Minuten ohne Regen

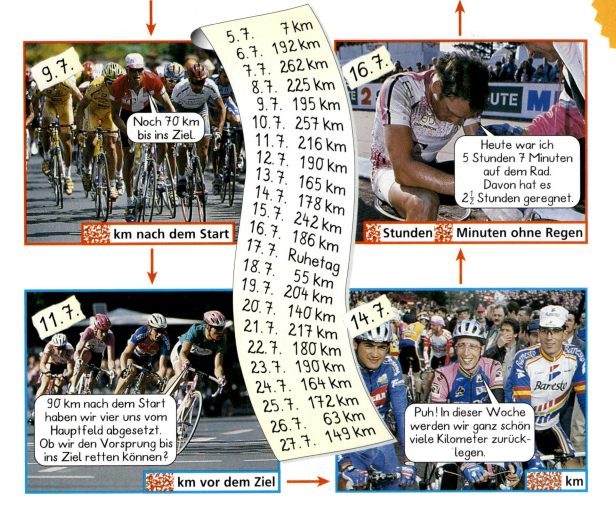

11. 7.

90 km nach dem Start haben wir vier uns vom Hauptfeld abgesetzt. Ob wir den Vorsprung bis ins Ziel retten können?

🎲 km vor dem Ziel →

14. 7.

Puh! In dieser Woche werden wir ganz schön viele Kilometer zurücklegen.

🎲 km

Maxi und Mini

1 Maxi macht 60er-Sprünge.
Sie landet bei 120.
Wie viele Sprünge sind es?
$120 : 60 = 2$ denn $2 \cdot 60 = 120$

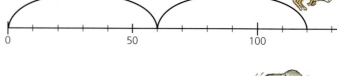

Mini macht 6er-Sprünge.
$120 : 6 = 20$ denn $20 \cdot 6 = 120$

Wie oft muss Maxi springen? Wie oft Mini? Schreibe wie im Beispiel.

a) bis 180   b) bis 300   c) bis 420   d) bis 60   e) bis 600

2 Maxi und Mini strengen sich an.
Maxi schafft in jedem Sprung 80,
Mini in jedem Sprung 8.
Wie viele Sprünge machen sie?
Schreibe wie in Aufgabe 1.

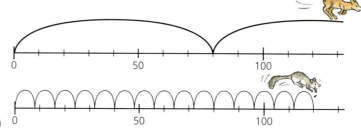

a) bis 240   b) bis 400   c) bis 560

3 Maxi und Mini sind erschöpft. Maxi schafft nur noch 40er-Sprünge, Mini nur noch 4er-Sprünge. Wie viele Sprünge brauchen sie?

a) bis 120   b) bis 200   c) bis 240   d) bis 320   e) bis 400

4 Wer multiplizieren kann,
kann auch dividieren.
Schreibe so:

$$3\,6\,0 : 4 = 9\,0, \text{ denn } 9\,0 \cdot 4 = 3\,6\,0$$

a) 360 : 4	b) 180 : 90	c) 120 : 3	d) 160 : 20	e) 300 : 5
360 : 6	180 : 30	120 : 4	160 : 40	300 : 6
360 : 9	180 : 20	120 : 2	160 : 80	300 : 10

5 a) (120 | 180 | 300) : (3 | 6 | 60)   b) (240 | 320 | 400) : (4 | 40 | 80)

6

Jch kann die Durch-Aufgaben vom Einmaleins.

$24 : 4 = 6$ $240 : 40 =$ $240 : 4 =$

$32 : 8 =$ $320 : 80 =$ $320 : 8 =$

$45 : 9 =$ $450 : 90 =$ $450 : 9 =$

7 Wie geht es weiter?

a) $21 : 7 =$ b) $54 : 9 =$ c) $27 : 3 =$ d) $49 : 7 =$ e) $50 : 10 =$

74

Drei Zahlen – sechs Durch-Aufgaben

1 Zahlix hat in seinem Zauberhut drei Zahlen. Aus diesen drei Zahlen zaubert er sechs Durch-Aufgaben.

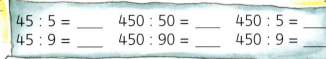

45 : 5 = ___	450 : 50 = ___	450 : 5 = ___
45 : 9 = ___	450 : 90 = ___	450 : 9 = ___

a)    b)

2 Zahline möchte auch zaubern. Wie heißen die sechs Durch-Aufgaben in Zahlines Zauberhüten?

a)    b)    c)    d)

3 Hier fehlt eine Zahl. Welche? Schreibe die sechs Durch-Aufgaben auf.

a)    b)    c)    d)

4 Nur eine Zahl. Kannst du auch hier sechs Durch-Aufgaben bilden?

a)    b)    c)    d)

5 Nun zaubere mit deinem Nachbarn. Schreibe drei passende Zahlen auf. Dein Nachbar schreibt die sechs Durch-Aufgaben dazu. Dann wechselt euch ab.

6
a) 36 : 9
360 : 9

b) 45 : 5
450 : 5

c) 42 : 7
420 : 7

d) 63 : 9
630 : 9

e) 27 : 3
270 : 3

7
a) 280 : 40
280 : 70

b) 400 : 50
400 : 80

c) 210 : 70
210 : 30

d) 560 : 80
560 : 70

e) 540 : 60
540 : 90

8
a) 350 : 50
350 : 5

b) 490 : 70
490 : 7

c) 320 : 80
320 : 8

d) 450 : 90
450 : 9

e) 720 : 80
720 : 8

Üben macht fit

1 Löse mit der Umkehraufgabe.

a) ___ —·40→ 320   b) ___ —·50→ 250
___ —·30→ 120   ___ —·80→ 240
___ —·60→ 180   ___ —·20→ 160

(Tafel:)
Aufgabe
vorher ———— nachher
·40
:40 320
Umkehraufgabe

2 a) ___ —·60→ 120   b) ___ —·40→ 120   c) ___ —·80→ 400
___ —·30→ 150   ___ —·30→ 150   ___ —·70→ 420
___ —·40→ 160   ___ —·60→ 160   ___ —·50→ 450

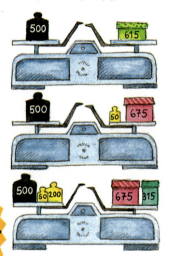

Welche Gewichte
fehlen links noch?

$\frac{1}{2}$ kg = 500 g

$\frac{1}{4}$ kg = 250 g

$\frac{3}{4}$ kg = 750 g

3 Welche Zehner kannst du einsetzen? Probiere und schreibe die passenden Mal-Aufgaben in das Haus?

3 · ☐ < 100   8 · ☐ < 300

3 · ☐ < 200   4 · ☐ < 300   6 · ☐ < 200
6 · 10 = 60
6 · 20 = 120
6 · 30 = 180

4

5 9 · ☐ < 600   10 · ☐ < 500

6

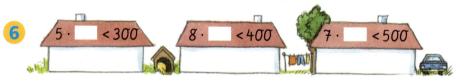

5 · ☐ < 300   8 · ☐ < 400   7 · ☐ < 500

7 Wenn du die drei Ergebnisse in einem Päckchen addierst, erhältst du 1000.

a) 3 · 80 + 20   b) 4 · 70 + 40   c) 7 · 80 + 20
9 · 50 + 40   6 · 40 + 30   8 · 50 + 40
3 · 70 + 40   4 · 90 + 50   6 · 70 + 40

8 Wie viele Schritte machst du? Wie viel bleibt übrig? Schreibe wie im Beispiel.

2 0 0 = 2 · 8 0 + 4 0

a) Gehe in 80er Schritten bis: 200   300   450
Gehe in 40er Schritten bis: 100   150   200
Gehe in 60er Schritten bis: 150   200   350
Gehe in 90er Schritten bis: 200   400   500

Wie schwer ist
Petra, wenn sie
den Fit-Macher
getrunken hat.

 9 Sabine kauft im Geschäft ein:

a) acht Lutscher zu je 40 Pf und fünf Kekse zu je 60 Pf.

b) zwei Radiergummi zu je 70 Pf und sieben Bleistifte zu je 90 Pf.

Rechen-Olympiade

a) (354 | 450 | 499 | + | 257 | 340 | 368)

611 694 707 722 756 790 818 839 852 867

b) 213 + 490   349 + 245
   389 + 51   308 + 173
   179 + 489   237 + 87

324   440   481   542   594   668   703

c) 3,47 € + 1,36 €
   5,17 € + 0,76 €
   2,88 € + 2,88 €
   4,25 € + 0,75 €

4,83 €   5,00 €   5,44 €   5,76 €   5,93 €

d) (4 € | 1,67 € | + | 0,45 € | 3,88 €)

Alle vier Ergebnisse zusammen ergeben 20 Euro.

a) 7 · 80   4 · 60   8 · 50
   6 · 50   9 · 70   6 · 90

240   300   360   400   540   560   630

b) 70 · 4   50 · 6   90 · 6
   30 · 3   80 · 3   60 · 6

90   120   240   280   300   360   540

c) 5 · 80 − 200   60 · 7 − 150
   7 · 50 − 180   40 · 8 − 160

160   170   180   200   270

d) Welche drei Zahlen gehören zur
40er-Reihe und zur 60er-Reihe?

a) 240 : 40   560 : 70   30 : 30
   320 : 80   720 : 80   200 : 40
   150 : 50   600 : 60   180 : 90

1   2   3   4   5   6   7   8   9   10

b) 350 : 7   120 : 6   810 : 9
   240 : 8   20 : 2   480 : 6
   900 : 9   420 : 7   360 : 9

10 20 30 40 50 60 70 80 90 100

c) (100 | 200 | 300 | : | 2 | 5 | 50)

2   4   5   6   20   40   50   60   100   150

a) Frau Ulsberg hat sechs 20-€-
Scheine, drei 50-€-Scheine und
drei 200-€-Scheine in ihrem
Portmonee.

b) Frau Ulsberg kauft ein Fahrrad.
Es kostet 495 Euro. Sie kauft
auch noch Zubehör für 97 Euro.
Was kostet es zusammen?

c) Fabian leert sein Sparschwein.
Er zählt dreißig 1-€-Münzen,
vierzig 2-€-Münzen und zehn
5-€-Scheine.

d) Fabian lässt in der Sparkasse
die Münzen in Geldscheine
wechseln. Er will nur
20-€-Scheine haben.

8   120   160   592   870

Schreibe sechs Durch-Aufgaben auf.

a) 4   5   20
b) 9   6   54
c) 8   16
d) 5   5   8
e) 27
f) 63

Die neuen Zimmer

Lisas Zimmer

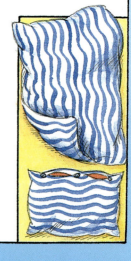

1 Die alte Wohnung war zu klein. Nun bekommen Lisa und Manuel ein eigenes Zimmer. Sie schauen sich den Plan an.

2 Haben beide gleich viel Platz? Du kannst den Plan mit deinen kleinen Quadraten ausmessen.

3 Legt mit kleinen Quadraten noch andere Zimmer. So viele Quadrate sollen hineinpassen:
a) 16 Quadrate
b) 15 Quadrate

4 a) Zahline hat Manuels Zimmer gezeichnet. Zeichne ebenso.
b) Kannst du auch Lisas Zimmer zeichnen?

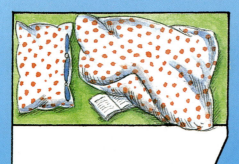

Manuels Zimmer

Zimmerpläne

1 Das alte Wohnzimmer und das neue Wohnzimmer: Welches ist größer?

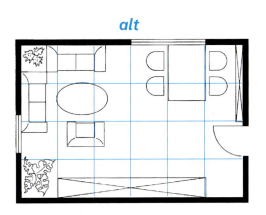

alt

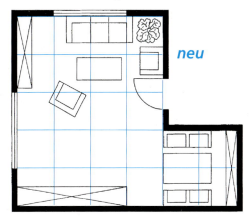

neu

2 a) Zeichne den Plan des Zimmers.
Färbe immer kleine Quadrate, die 1 cm breit sind.
Wie viele Zentimeter-Quadrate sind es?

b) Zeichne auch diesen Plan: 3 cm lang, 6 cm breit.
Wie viele Zentimeter-Quadrate passen hinein?

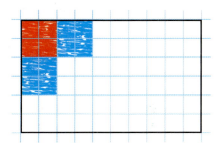

3 Zeichne die Zimmerpläne. Teile sie in Zentimeter-Quadrate auf.
Welches Zimmer ist am kleinsten? Welches am größten?

a) 4 cm lang, 6 cm breit   b) 5 cm lang, 5 cm breit
c) 8 cm lang, 3 cm breit   d) 6 cm lang, 5 cm breit

> Das kann ich auch ausrechnen.

4 Miss, dann zeichne die Pläne in dein Heft.
Wie viele Zentimeter-Quadrate passen hinein?

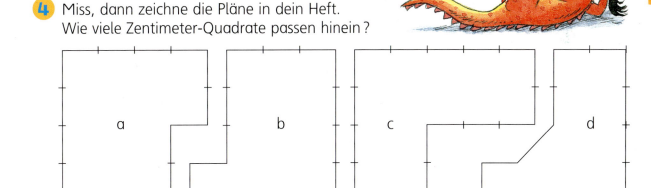

a   b   c   d

5 Zeichne drei verschiedene Pläne.
a) Immer mit 18 Zentimeter-Quadraten   b) Immer mit 20 Zentimeter-Quadraten.

6 a)

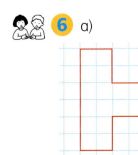

> 1 cm nach unten.

Ein Kind spricht, das andere zeichnet.
Dann zählt die Zentimeter-Quadrate.

b)   c)

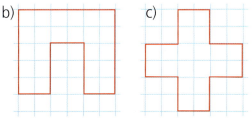

Häuser zu verkaufen

1 Lege jedes Haus mit kleinen Dreiecken und Quadraten aus.
Wie teuer sind die Häuser?

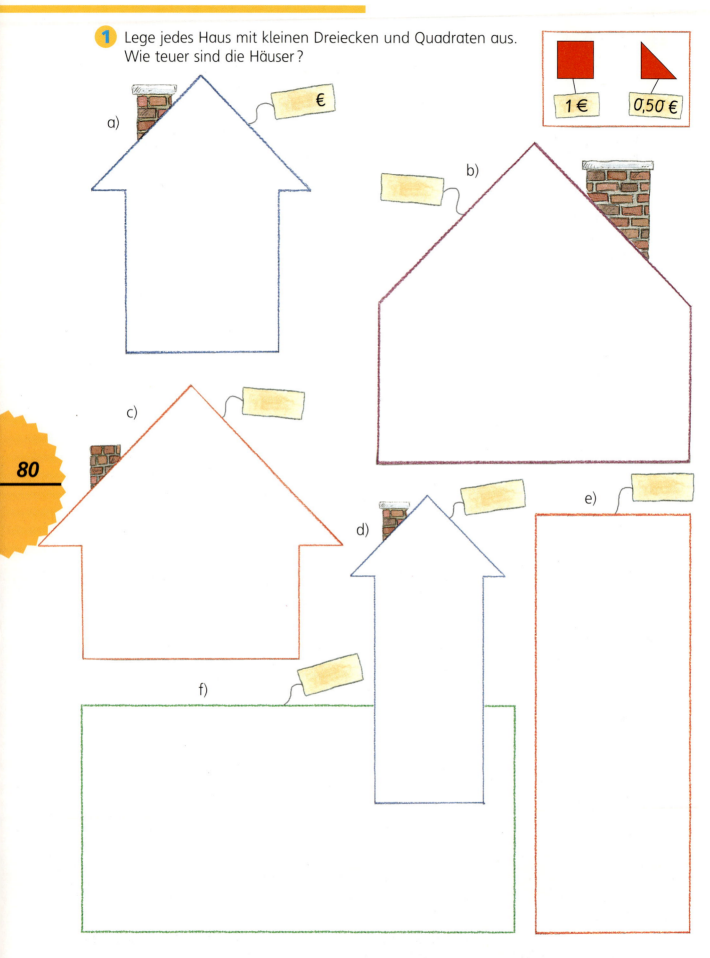

a)

b)

c)

d)

e)

f)

2 Wer kann das legen?   a) Ein Haus für 10 Euro   b) Ein Haus für 5 Euro

Laura zieht um

1. An welchem Tag hat Laura Geburtstag?

2. Wie alt wurde Laura an ihrem Geburtstag?

3. Wie viele Tage wohnte Laura am Geburtstag schon in der Wohnung?

4. In welchem Monat ist Björn geboren?

 5. Björn sagt: „Ich bin zwei Jahre älter als du". Laura sagt: „Nein, weniger".

6. An welchem Datum ist Laura umgezogen?

7. Wie lang ist Lauras Bett? Und wie breit?

8. Wie lang ist Björns Zimmer? Und wie breit?

9. Wie viele Stofftiere hat Laura jetzt?

10. Wie viele Stofftiere hat Bea weniger als Laura?

11. In welcher Straße wohnt Laura?

Laura weiß es noch ganz genau, denn es ist ja noch nicht so lange her.
Es war genau eine Woche nach Neujahr und zwei Wochen vor ihrem Geburtstag. (An den Wochentag erinnert sie sich nicht mehr.)

Sie war noch acht Jahre alt und Björn, ihr Bruder, zehn, als sie in ihre neue Wohnung zogen.
Den Namen der Straße fand sie sehr schön und die Hausnummer auch: Blumenstraße 248.
Björn fand das auch, denn in der Hausnummer ist sein Geburtstag versteckt.

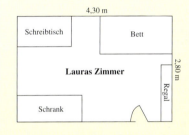

Laura und Björn freuten sich auf ihre neuen Kinderzimmer. Sie hatten sie schon vorher ausgemessen. Lauras Zimmer war 75 cm schmaler, aber 50 cm länger als Björns. Laura überlegte, wo sie ihr Bett hinstellen sollte. Vor allem brauchte sie einen guten Platz für ihr Regal, auf das sie ihre Stofftiere stellen wollte. Laura sammelt nämlich Stofftiere, sie hatte damals schon 38 Stück. Heute hat sie noch fünf mehr. Ihre Freundin Bea hat erst 22.

Aus ihrem Fenster konnte Laura auf die Straße und den Garten gegenüber sehen.
Als sie ankamen, ging sie zum Fenster, schaute hinaus und …

81

12. Die Hausnummer von Beas Wohnung ist um 120 kleiner.

13. Was sah Laura, als sie aus dem Fenster schaute? Schreibe die Geschichte zu Ende.

Auf dem Hof Tangram

Schon vor vielen hundert Jahren haben
die Chinesen ein Spiel erfunden.
Es heißt TANGRAM. Damit kann man
immer neue Figuren herstellen.
Unser Spiel ist etwas leichter.
Ihr braucht dazu nur diese 8 Plättchen.
Damit könnt ihr alle Figuren auf dieser
Seite legen – und noch viele andere.

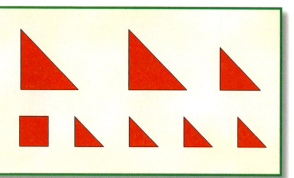

Rechnen und legen

1 Einmaleins mit 20

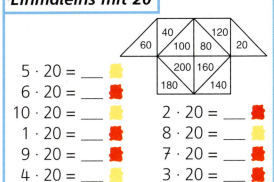

5 · 20 = ___
6 · 20 = ___
10 · 20 = ___
1 · 20 = ___   2 · 20 = ___
           8 · 20 = ___
9 · 20 = ___   7 · 20 = ___
4 · 20 = ___   3 · 20 = ___

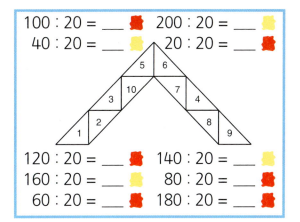

100 : 20 = ___   200 : 20 = ___
40 : 20 = ___   20 : 20 = ___

120 : 20 = ___   140 : 20 = ___
160 : 20 = ___   80 : 20 = ___
60 : 20 = ___   180 : 20 = ___

2 Einmaleins mit 50

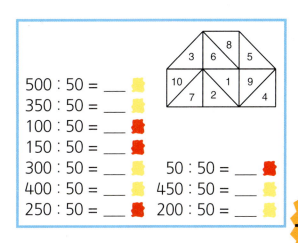

5 · 50 = ___   8 · 50 = ___
3 · 50 = ___   4 · 50 = ___
6 · 50 = ___   7 · 50 = ___
9 · 50 = ___   1 · 50 = ___
2 · 50 = ___   10 · 50 = ___

500 : 50 = ___
350 : 50 = ___
100 : 50 = ___
150 : 50 = ___
300 : 50 = ___   50 : 50 = ___
400 : 50 = ___   450 : 50 = ___
250 : 50 = ___   200 : 50 = ___

3 Einmaleins mit 30

6 · 30 = ___
8 · 30 = ___
5 · 30 = ___   9 · 30 = ___
2 · 30 = ___   1 · 30 = ___
10 · 30 = ___   4 · 30 = ___
7 · 30 = ___   3 · 30 = ___

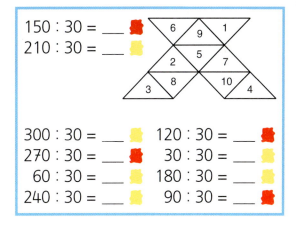

150 : 30 = ___
210 : 30 = ___

300 : 30 = ___   120 : 30 = ___
270 : 30 = ___   30 : 30 = ___
60 : 30 = ___   180 : 30 = ___
240 : 30 = ___   90 : 30 = ___

4 Einmaleins mit 40

8 · 40 = ___
3 · 40 = ___

7 · 40 = ___   2 · 40 = ___
6 · 40 = ___   4 · 40 = ___
9 · 40 = ___   5 · 40 = ___
10 · 40 = ___   1 · 40 = ___

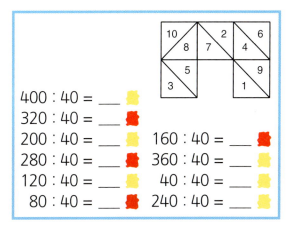

400 : 40 = ___
320 : 40 = ___
200 : 40 = ___   160 : 40 = ___
280 : 40 = ___   360 : 40 = ___
120 : 40 = ___   40 : 40 = ___
80 : 40 = ___   240 : 40 = ___

Wie tief kannst du tauchen?

1

670 − 3	895 − 4
670 − 30	895 − 40
670 − 300	895 − 400

370 495 640 667 805 855 891

2

860 − 130	680 − 370
540 − 220	730 − 130
960 − 460	690 − 460

230 310 320 500 600 650 730

Minus-Aufgaben – leichte und schwere.

3

670 − 380
510 − 360
820 − 490
940 − 570
730 − 140
400 − 270

130 150 290 330
370   460   590

4

673 − 120	361 − 90	823 − 19
481 − 260	473 − 80	654 − 25
888 − 440	924 − 60	

221 271 393 448 553 629 804 864 916

6

Schreibe in Geheimschrift und rechne.

834 − 413	596 − 312
781 − 320	667 − 345

284   322   421   461   515

5

287 − 3	275 − 272
287 − 281	275 − 2
236 − 4	248 − 247
236 − 231	248 − 5

1 3 5 6 10 232 243 273 284

7

831 − 216	646 − 191
973 − 429	729 − 373

841
− 496

356   455   544   615   653

Schriftliches Subtrahieren

1 Zuerst die Einer,   dann die Zehner,   dann die Hunderter.

2

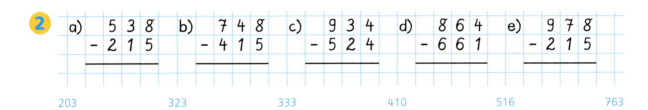

a)	b)	c)	d)	e)
5 3 8	7 4 8	9 3 4	8 6 4	9 7 8
− 2 1 5	− 4 1 5	− 5 2 4	− 6 6 1	− 2 1 5

203   323   333   410   516   763

3

a)	b)	c)	d)	e)	f)	g)
675	596	837	497	783	589	607
− 234	− 324	− 215	− 257	− 271	− 185	− 101

240   272   404   441   464   506   512   622

4 Wie groß ist der Unterschied? Was muss man dazulegen?

a)			b)			c)			d)		
2	5	4	3	7	5	5	4	8	4	1	5
1	2	8	1	3	7	2	8	3		7	4

Übungsteil Seite 125, Aufgaben 5 – 6

Subtrahieren mit Zahlines Trick

1 Tanja rechnet in der Stellentafel. Verstehst du die Schreibweise?

Zuerst die Einer,   dann die Zehner,   dann die Hunderter.

2

a)	H	Z	E		b)	H	Z	E
	8	7	5			6	8	3
−	4	2	7		−	3	5	6

c)

H	Z	E
7	4	2
− 4	1	7

d)

H	Z	E
9	1	7
− 6	3	5

e)

H	Z	E
8	5	9
− 2	8	4

f)

H	Z	E
7	3	8
− 5	7	6

162   282   325   327   448   491   575

3 Kannst du auch ohne Stellentafel rechnen?

a) 583 − 248   b) 948 − 416   c) 854 − 373   d) 742 − 385   e) 869 − 278   f) 621 − 415

206   276   335   357   481   532   591

4 Schreibe untereinander, dann rechne.

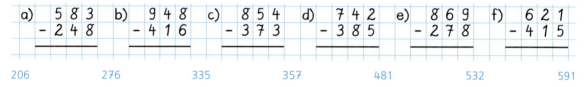

a) 534 − 225   b) 871 − 374   c) 904 − 597   d) 702 − 196
    645 − 82   603 − 495   738 − 55   653 − 312
    806 − 273   456 − 93   607 − 152   725 − 218

108   307   309   341   363   455   497   506   507   533   543   563   683

5 Diese Schätze kannst du jetzt heben.

a) 877 − 432   586 − 324

763 − 138   936 − 253

245   262   445   625   683

b) 654 − 213   932 − 786   831 − 486

608 − 216   790 − 346   777 − 666

111   146   221   345   392   441   444

c) 626 − 316   849 − 328

351 − 61   1000 − 647

290   300   310   353   521

d) 678 − 343   756 − 351   923 − 421   847 − 392

335   405   425   455   502

e) 461 − 203   258
   946 − 217   500
   831 − 76   506
   709 − 203   606
   657 − 157   729
              755

Von Insel zu Insel

1

a)

738	856	974	584
− 506	− 326	− 572	− 120

985	647	437	803
− 360	− 202	− 117	− 102

Leuchtturm: 232, 320, 402, 445, 464, 473, 530, 625, 701

b)

7 ■ 5
− 2 3
■ 6 3

9 8 ■
− 3 6 4
■ ■ 3

2

a)

839	706	453	746	643
− 364	− 343	− 82	− 396	− 591

875	609	839
− 794	− 187	− 399

52	81	114
350	363	371
422	440	475

b)

■ 1 7
− 3 ■ 3
1 7

6 ■ ■
− ■ 8 2
2 4 7

3

a)

683	841	340	866
− 237	− 319	− 128	− 259

631	450	754	537
− 426	− 136	− 448	− 129

Segel: 212, 306, 205, 408, 607, 546, 314, 522, 446

b)

7 ■ 3
− ■ 2 5
5 4 ■

7 2 ■
− ■ 5 ■
3 4 6

4

199 244 294
299 404 438
504 518 532

a)

736	642	704
− 298	− 398	− 186

588	723	550	473	608
− 389	− 219	− 146	− 179	− 309

b)

6 2 1
− ■ ■ 4
3 6

6 ■ ■
− ■ 8 6
2 4 7

5

a)

635	735	335	805	781
− 298	− 309	− 98	− 208	− 396

464	973	834
− 108	− 194	− 499

Fische: 237, 356, 289, 335, 337, 597, 426, 385, 779

b)

■ 5 ■
− 1 ■ 9
2 4 3

5 4 1
− 2 ■ 3
■ 4 ■

Im Kopf oder schriftlich?

Die kann ich im Kopf!

Die rechne ich lieber schriftlich.

im Kopf

schriftlich

750 – 320   834 – 609

712 – 467   561 – 125

708 – 249

600 – 299 = 301

540 – 99   813 – 401

346 – 83   500 – 211

703 – 357

$$\begin{array}{r} \overset{10\ 10}{7\,0\,8} \\ -\ 2\,4\,9 \\ \hline \overset{1\ 1}{4\,5\,9} \end{array}$$

1 Welche Aufgaben rechnest du im Kopf? Welche schriftlich?

2 Im Kopf oder schriftlich? Wie geht es schneller? Entscheide bei jeder Aufgabe neu.
Alle Ergebnisse haben die Quersumme 15.

a) 1000 – 40   b) 630 – 102   c) 1000 – 130
 940 – 70   930 – 150   1000 – 742
 690 – 27   700 – 145   755 – 101
 753 – 36   783 – 300   502 – 307
 142 – 64   698 – 350   874 – 499
 640 – 58   611 – 416   954 – 687

3 Bei jedem Ergebnis ist die Quersumme 9 oder 18.

a) (300 | 408 | 660) – (39 | 138 | 210)

b) (700 | 880 | 997) – (79 | 340 | 601)

4 Zahlix und Zahline rechnen zur Probe die Umkehraufgabe.
Wie rechnet Zahlix? Wie rechnet Zahline? Wie rechnest du?

7 + 9 = 16
2 + 8 = 10
4 + 3 = 7

$$\begin{array}{r} \overset{10\ 10}{7\,0\,6} \\ -\ 2\,7\,9 \\ \hline \overset{1\ 1}{4\,2\,7} \end{array}$$

$$\begin{array}{r} 4\,2\,7 \\ +\ 2\,7\,9 \\ \hline \overset{1\ 1}{7\,0\,6} \end{array}$$

a)   706   b)   867   c)   478
   – 279   – 343   – 155

d)   833   e)   745   f)   536
   – 618   – 328   – 283

g) 1000   h)   714   i)   804
   – 367   – 528   – 257

$$\begin{array}{r} \overset{10\ 10}{7\,0\,6} \\ -\ 2\,7\,9 \\ \hline \overset{1\ 1}{4\,2\,7} \end{array}$$

5 Bei jedem Ergebnis ist die Quersumme 12.

a) (600 | 780 | 825) – (120 | 309 | 444)

b) (827 | 980 | 998) – (590 | 689 | 734)

88

Übungsteil Seite 125, Aufgaben 7 – 9

Im Spielzeugladen

1 Steffen kauft einen Ball.
Mutter gibt ihm 50 Euro mit.

$$\begin{array}{r} 5\,0\,,0\,0\ € \\ -\ 1\,1\,,9\,5\ € \\ \hline \end{array}$$

2 a) Jana kauft eine Puppe. Vater gibt ihr 20 Euro mit.

   b) Claudia kauft ein Kartenspiel. Sie bezahlt mit einem
   10-€-Schein.

3 Was können die Kinder für ihr Geld kaufen?
Wie viel Geld bekommen sie jeweils zurück?

a)

b)

c)

d)

Die drei Ergebnisse in einem Päckchen ergeben zusammen 10 Euro.

4
a) 9,85 € – 5,75 €
   9,99 € – 4,86 €
   5,51 € – 4,74 €
   13,84 € – 9,89 €
   11,95 € – 7,15 €

b) 20 € – 16,85 €
   15 € – 11,78 €
   18 € – 14,37 €
   10 € – 8,75 €
   16 € – 10,75 €

c) 40 € – 12,50 €
   12 € – 6,86 €
   26 € – 16,55 €
   33 € – 29,45 €
   29 € – 12,75 €

5 Alle vier Ergebnisse zusammen ergeben 20 Euro.

a) (10 € | 8,53 € ◯ 95 Cent | 7,58 €) b) (8 € | 9,47 € ◯ 79 Cent | 6,68 €)

6 Jens kauft einen Teddy und ein Auto.

   a) Wie viel kostet es zusammen?

   b) Jens bezahlt mit einem 20-€-Schein.

7 Ihr habt 20 Euro.

   a) Was könnt ihr im Spielzeugladen kaufen?

   b) Wie viel Euro bekommt ihr jeweils zurück?

8 Rudolf möchte einen Ball kaufen. Er hat 10 Euro bisher gespart.

11,95 €

7,50 €

4,90 €

2,80 €

Übungsteil Seite 125, Aufgabe 10

Fahren ...

Fahrziele Frankfurt/M Hbf

Für alle Fahrziele innerhalb von Frankfurt gilt die Preisstufe 3.

Städte	Preis-stufe	Städte	Preis-stufe
Mainz	5	Groß Gerau	4
Wiesbaden	5	Rüdesheim	6
Neu Isenburg	4	Offenbach	4

RHEIN-MAIN-VERKEHRSVERBUND

Tarifinformation

Jeder Fahrgast muss vor Fahrtantritt einen gültigen Fahrschein besitzen. Fahrscheine erhält man beim Busfahrer oder an den Automaten. In den Zügen werden keine Fahrscheine verkauft.

Preisstufe	Einzelfahrschein Erwachsene	Kinder bis 14 Jahre	Tageskarte (1 Tag lang gültig) Erwachsene	Kinder bis 14 Jahre
3	1,75 €	1,00 €	4,00 €	2,50 €
4	2,95 €	1,80 €	6,00 €	3,75 €
5	5,15 €	3,10 €	10,00 €	6,20 €
6	7,50 €	4,50 €	15,00 €	9,00 €

90

1 Pinar wohnt in Frankfurt-Griesheim. Sie will zur Eislaufhalle beim Frankfurter Ostpark. Welche Preisstufe muss sie wählen?

a) Sie steckt einen 10-Euro-Schein in den Fahrscheinautomaten.

b) Der Eintritt in die Eislaufhalle kostet 3,25 Euro.

c) Wie viel Euro darf Pinar ausgeben, um genug Geld für die Rückfahrt zu haben?

2 Horst will mit seiner Schwester von Frankfurt nach Neu Isenburg ins Hallen-Wellenbad fahren. Sie überlegen, ob sie Einzelfahrscheine oder eine Tageskarte nehmen.

3 Herr Önsüz fährt mit seinen drei Kindern (9 Jahre, 13 Jahre, 16 Jahre) von Frankfurt nach Offenbach, um die Tante zu besuchen. Wie teuer sind Hin- und Rückfahrt?

a) Mit Einzelfahrscheinen   b) Mit Tageskarten

... mit der S-Bahn

1 Herr Deichser fährt mit seiner Tochter (13 Jahre alt) von Frankfurt nach Mainz, um das Gutenberg-Museum zu besuchen. Für die S-Bahn nehmen sie eine Tageskarte. Wie hoch ist der Gesamtpreis? Erkläre die Lösung am Rechenbaum.

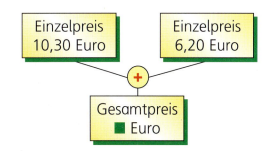

2

a) Markus (12), Mehmet (13) und Gino (13) aus Offenbach wollen ins Frankfurter Rebstockbad. Wie viel kostet die Hin- und Rückfahrt? Ist es günstig, wenn sie eine Tageskarte nehmen?

b) Herr und Frau Kurz aus Wiesbaden fahren mit den Kindern (9, 11 und 15 Jahre alt) zum Frankfurter Flughafen. Sie nehmen Tageskarten. Wie viel kostet die Fahrt insgesamt?

3

a) Frau Reisler fährt mit ihren beiden Kindern Nadja und Marc (8 und 10 Jahre alt) mit der Bahn von Frankfurt nach Rüdesheim. Wie viel Geld kostet die Hinfahrt?

b) Herr Reisler holt seine Familie mit dem Auto ab. Für die Hinfahrt hatte Frau Reisler 25 Euro eingesteckt. Wie viel Euro hat sie übrig?

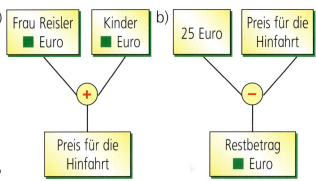

4

a) Frau und Herr Ringler aus Frankfurt fahren mit ihren 3 Mädchen (9, 11 und 13 Jahre) zur Indianerausstellung nach Offenbach ins Ledermuseum. Sie nehmen Einzelfahrscheine für die Hin- und Rückfahrt. Herr Ringler nimmt 50 Euro für den Ausflug mit. Wie viel Geld bleibt für den Eintritt ins Museum übrig?

b) Der Eintritt in das Museum kostet für einen Erwachsenen 1,75 Euro, für Schüler 0,75 Euro. Wie viel Euro gibt die Familie Ringler für den Eintritt in das Museum aus? Reichen 25 Euro für alle Ausgaben (Fahrt und Eintritt)?

5 An ihrem Geburtstag geht Anna mit ihren vier Freundinnen ins Erlebnis-Hallenbad. Die Eltern gehen als Begleitung mit. Der Eintritt für Erwachsene kostet 6 Euro, für Kinder 4 Euro.

a) Wie viel Euro kostet der Eintritt insgesamt? Erkläre den Rechenbaum.

b) Die Eltern haben 50 Euro mitgenommen. Wie viel Euro bleiben davon für andere Ausgaben übrig?

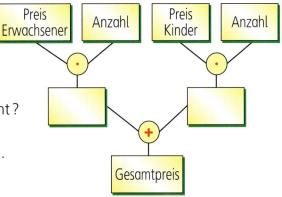

Und wieder Schätze

1

"Klug subtrahieren müsst ihr schon. Schatzzahlen sind dann euer Lohn."

A 79 B 153 C 208 D 387 E 554 F 732 G 811 H 996

"Jch probiere A und C."

"Die passen sicher, denn . . ."

79 208

unter 200

8 Schatzzahlen

unter 2 0 0

C   2 0 8
A –   7 9

2 Dasselbe Schlüsselbrett, zwei andere Schatztruhen. Welche Schlüssel passen? Wie heißen die Schatzzahlen?

a) 7 Schatzzahlen — zwischen 300 und 500

b) 8 Schatzzahlen — über 600

"E passt hier nie!"

554

"Warum?"

3 Ein neues Schlüsselbrett. Welche Schlüssel passen? Wie heißen die Schatzzahlen?

A 249 B 306 C 417 D 575 E 651 F 705 G 893 H 987

a) 8 Schatzzahlen — unter 200

b) 5 Schatzzahlen — über 500

c) 9 Schatzzahlen — zwischen 200 und 400

4 Zahline hat eine Kiste mit Zahlenrätseln entdeckt.

a) Meine Zahl hat drei gleiche Ziffern. Wenn du sie von 1000 subtrahierst, erhältst du eine Zahl zwischen 300 und 400.

b) Meine Zahl besteht aus den Ziffern 2, 5 und 7. Wenn du sie von 666 subtrahierst, erhältst du eine Zahl unter 100.

c) Meine Zahl besteht aus den Ziffern 1, 4 und 6. Wenn du sie von 750 abziehst, erhältst du eine Zahl zwischen 200 und 400.

d) Meine Zahl besteht aus den Ziffern 3, 7, 9. Wenn du 555 davon subtrahierst, erhältst du eine Zahl zwischen 300 und 400.

Kurz geübt, lang behalten

Millimeter, Zentimeter, Meter oder Kilometer?

1 Du kannst anfangen, wo du willst.

700 $\xrightarrow{-333}$ a) 6 $\xrightarrow{\cdot 90}$ 350 $\xrightarrow{:70}$ b) 882 $\xrightarrow{-97}$

238 $\xrightarrow{+462}$ 540 $\xrightarrow{-180}$ 360 $\xrightarrow{-122}$ 400 $\xrightarrow{-125}$ 295 $\xrightarrow{+55}$ 275 $\xrightarrow{+607}$

420 $\xrightarrow{:70}$ 367 $\xrightarrow{+53}$ 5 $\xrightarrow{\cdot 80}$ 785 $\xrightarrow{-490}$

28 ___

2 Löse mit der Umkehraufgabe.

a) ___ $\xrightarrow{+607}$ 900   b) ___ $\xrightarrow{+403}$ 701   c) ___ $\xrightarrow{+608}$ 855

___ $\xrightarrow{+670}$ 900   ___ $\xrightarrow{+430}$ 701   ___ $\xrightarrow{+680}$ 855

___ $\xrightarrow{+677}$ 900   ___ $\xrightarrow{+433}$ 701   ___ $\xrightarrow{+688}$ 855

167   175   223   226   230   247   268   271   293   298

12 ___

3 Die Summe der drei Ergebnisse ist 1000.

a) 217 − 138   b) 400 − 135   c) 540 − 160   d) 473 − 17
   507 − 88   640 − 207   805 − 370   510 − 170
   850 − 348   701 − 399   281 − 96   325 − 121

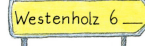

Westenholz 6 ___

4 a) 187 + ___ = 243   b) 217 + ___ = 314   c) 561 + ___ = 614
   456 + ___ = 564   432 + ___ = 641   83 + ___ = 541
   381 + ___ = 603   97 + ___ = 255   367 + ___ = 1000

53   56   97   108   158   209   222   458   525   633

4,80 ___

93

5 Addiere die ersten beiden Ergebnisse. Vergleiche mit dem dritten.

a) 1000 − 343   b) 925 − 409   c) 640 − 152   d) 704 − 407
   343 − 199   409 − 277   152 − 67   407 − 128
   1000 − 199   925 − 277   640 − 67   704 − 128

3,50 ___

6

2 7 3   237   273   327   372   723   732

Aus drei Ziffern eine Zahlenfahne. Wie sind die Zahlen geordnet?
a) Subtrahiere die dritte Zahl von der vierten Zahl.
b) Subtrahiere die zweite Zahl von der fünften Zahl.
c) Addiere die beiden Ergebnisse und die erste Zahl.

5 ___   5 ___

7 Ergänze die Zahlenfahne. Dann rechne wie in Aufgabe 6.

4 0 1   14   41   104

Dreizehnlinden 4,5 ___

12 ___   7 ___

8 Noch mehr Fahnen. Rechne wie in Aufgabe 6.

Post 500 ___

a) 9 4 2   b) 1 5 6   c) 6 8 0   d)

Minus-Züge

1

$$
\begin{array}{r} 754 \\ -\ 457 \\ \tiny{1\ 1} \\ \hline 297 \end{array}
\qquad
\begin{array}{r} 972 \\ -\ 279 \\ \tiny{1\ 1} \\ \hline 693 \end{array}
\qquad
\begin{array}{r} 963 \\ -\ 369 \\ \hline \end{array}
$$

Größte Zahl minus Spiegelzahl

Rechne immer mit den Ziffern des Ergebnisses weiter: Größte Zahl minus Spiegelzahl.
Wie viele verschiedene Wagen kannst du anhängen?

2 Starte mit diesen Ziffernkärtchen. Wie viele verschiedene Wagen kannst du anhängen?

a)  b)  c)  d)

3 Wähle selbst drei Ziffernkärtchen. Wie viele verschiedene Wagen kannst du anhängen?

94

4 Zahline untersucht die Minus-Züge. Sie macht drei Entdeckungen:

> Bei den Ergebnissen steht in der Mitte immer
> Die beiden anderen Ziffern zusammen ergeben immer
> Von Wagen zu Wagen

5 Findest du einen Minus-Zug mit fünf verschiedenen Wagen?

6

Größte Zahl minus Spiegelzahl

$$
\begin{array}{r} 976 \\ -\ 679 \\ \tiny{1\ 1} \\ \hline 297 \end{array}
$$

Ergebnis plus Spiegelzahl

$$
\begin{array}{r} 297 \\ +\ 792 \\ \hline \end{array}
$$

Rechne mit diesen Ziffernkärtchen.

a)  b)  c)

Das Endergebnis
ist um 999 größer
als die Seitenzahl!

7 Wähle selbst drei Ziffernkärtchen und rechne ebenso.

Rechen-Olympiade

a)

534	748	968	775
− 212	− 325	− 405	− 103

853	560	620	635
− 326	− 234	− 87	− 228

322   326   407   423   443
527   533   563   672

b) Schreibe untereinander und
   rechne.

634 − 258   965 − 587   745 − 287
746 − 348   847 − 269   513 − 359
843 − 506   325 − 97   614 − 258

154   228   337   356   357
376   378   398   458   578

c) (800 | 850 | 871 (−) 37 | 370 | 737)

63   113   134   430   480
501   763   813   834   850

Im Kopf oder schriftlich?

a) 800 − 630   b) 1000 − 350
   800 − 507   1000 − 428
   800 − 587   953 − 300
   743 − 500   917 − 403
   743 − 605   899 − 240
   743 − 576   760 − 76

138 167 170 213   514 550 572 650
243   255 293   653   659 684

b) (1000 | 870 | 699 (−) 300 | 450 | 501)

198   210   249   369   399
420   499   550   570   700

a)

5,00 €	9,00 €
− 2,49 €	− 4,96 €

b)

7,00 €	2,00 €
− 3,46 €	− 0,89 €

c)

5,00 €	6,00 €
− 0,96 €	− 2,08 €

1,11 €   2,12 €   2,51 €   3,54 €
3,92 €   4,04 €   4,04 €

d) (9 € | 8,25 € (−) 0,65 € | 6,60 €)

Alle vier Ergebnisse zusammen ergeben 20 Euro.

a) Herr Kahn hat vier 20-€-
   Scheine, drei 50-€-Scheine und
   einen 100-€-Schein in seinem
   Portmonee.

b) Herr Kahn kauft einen Fern-
   sehapparat für 239 Euro.
   Wie viel Euro behält er übrig?

c) Claudia hat drei 2-Cent-Mün-
   zen, fünf 5-Cent-Münzen, drei
   50-Cent-Münzen und einen
   5-€-Schein im Portmonee.

d) Claudia kauft einen Gummi-
   baum für 5,85 Euro. Wie viel
   Cent behält sie im Portmonee?

e) Zahline schaut ins Portmonee.
   Dort sind fünf 50-Cent-Münzen
   und sieben 20-Cent-Münzen.

91   94   96   330   390   681

Du kannst anfangen, wo du willst.

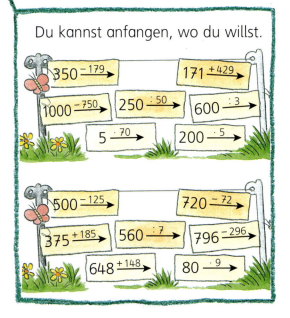

95

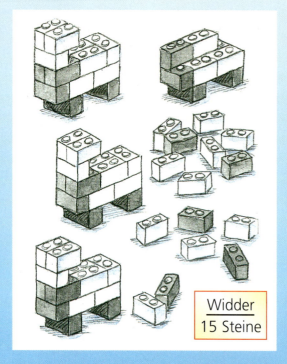

Widder
15 Steine

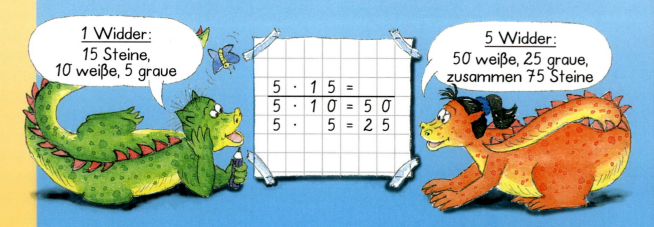

1 Widder:
15 Steine,
10 weiße, 5 graue

$$5 \cdot 15 =$$
$$5 \cdot 10 = 50$$
$$5 \cdot 5 = 25$$

5 Widder:
50 weiße, 25 graue,
zusammen 75 Steine

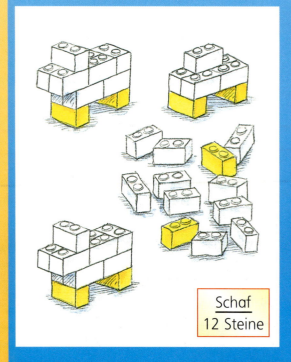

Schaf
12 Steine

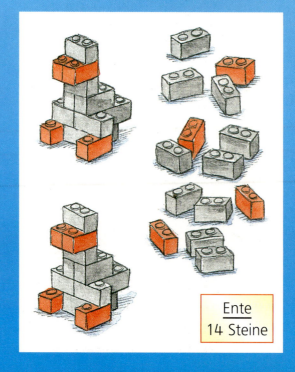

Ente
14 Steine

Alles aus Lego

1
Jch habe 4 Hunde gebaut.

4 · 1 7 =		
4 · 1 0 =		
4 · 7 =		

2 Wie viele Einzelteile brauchen die Kinder?

Jch habe 5 Enten gebaut.
Jch baue 3 Enten.

3 a) Britta baut sechs Schafe.
b) Thorsten baut vier Schafe.

4
a) 5 · 13	b) 2 · 17	c) 5 · 17	d) 3 · 14	e) 10 · 15	f) 10 · 12
6 · 13	3 · 17	7 · 17	6 · 14	4 · 15	9 · 12
7 · 13	4 · 17	9 · 17	9 · 14	5 · 15	8 · 12

21   34   42   51   60   65   68   75   78   84   85   91   96   108   119   120   126   150   153

5 Zahlix baut riesige Tiere.

4 Riesen-Hunde

4 · 2 3 =		
4 · 2 0 =		
4 · 3 =		

6
a) 5 · 23	b) 4 · 26	c) 9 · 24	d) 5 · 22	e) 3 · 28	f) 4 · 27
6 · 23	6 · 26	5 · 24	7 · 22	5 · 28	7 · 27
7 · 23	8 · 26	3 · 24	9 · 22	6 · 28	9 · 27

72   84   104   108   110   115   120   138   140   154   156   161   168   180   189   198   208   216   243

7 Bei den Ergebnissen ist die Quersumme immer 9 oder 18.

a) 3 | 6 | 9 | · | 51 | 54 | 57

b) 3 | 6 | 9 | · | 42 | 45 | 48

8 Zu welcher Einmaleins-Reihe gehören die Zahlen?

11   22   44   99   110

9 Addiere die drei Ergebnisse. Du erhältst besondere Zahlen.

a) 9 · 36	b) 5 · 17	c) 10 · 56	d) 61 · 7	e) 19 · 9	f) 32 · 7
4 · 75	6 · 29	3 · 28	59 · 4	31 · 6	25 · 7
6 · 44	4 · 74	7 · 19	48 · 7	29 · 3	26 · 6

Übungsteil Seite 126, Aufgaben 1 – 2

Fotos und ...

1 Kathrin und Thorsten haben in Dänemark Urlaub gemacht. Nun kleben sie ihre Urlaubsbilder ein.

a) Kathrin hat 27 Urlaubsbilder gemacht.
Für jedes Bild braucht sie vier Fotoecken.

F:	Wie viele Fotoecken braucht sie insgesamt?
R:	2 7 · 4 =
	2 0 · 4 =
	7 · 4 =
A:	Sie braucht insgesamt ⬜ Fotoecken.

b) Thorsten hat 48 Bilder gemacht.

2 Inga muss Fotos einkleben. Wie viele Fotoecken braucht sie insgesamt?

a) 15 Bilder   b) 25 Bilder   c) 32 Bilder   d) 54 Bilder

3 a) Lisa will 36 Urlaubsfotos einkleben. Sie kauft Fotoecken.

b) Thorben will 20 Bilder einkleben. Er hat noch siebzig Fotoecken. Reicht das?

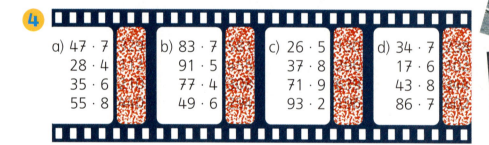

4

a) 47 · 7	b) 83 · 7	c) 26 · 5	d) 34 · 7
28 · 4	91 · 5	37 · 8	17 · 6
35 · 6	77 · 4	71 · 9	43 · 8
55 · 8	49 · 6	93 · 2	86 · 7

5 Bei den Ergebnissen ist die Quersumme immer 18.

a) 7 · 27	b) 93 · 3	c) 9 · 83	d) 75 · 9
4 · 72	54 · 7	6 · 78	36 · 8
9 · 74	72 · 8	9 · 87	93 · 6
8 · 81	33 · 6	3 · 99	99 · 5

6 Bei den Ergebnissen ist die Quersumme immer 9.

a)

⟨ 8 | 4 | 5 ⟩ · ⟨ 63 | 45 | 18 ⟩

b)

⟨ 27 | 54 | 81 ⟩ · ⟨ 3 | 5 | 10 ⟩

7 a) Walter hat im Urlaub drei Filme verknipst. Auf jedem Film sind 36 Bilder.

b) Er hat noch 200 Fotoecken.

... Wissenswertes aus Dänemark

1 Zu Dänemark gehören die Halbinsel Jütland und noch weitere (a) ___ Inseln, von denen aber nur (b) ___ bewohnt sind.

Dänemark ist ein beliebtes Urlaubsland. Kein Ort ist weiter als (c) ___ km von der Küste entfernt. Insgesamt beträgt die Küstenlänge mehr als (d) ___ Kilometer. Die Grenze zwischen Dänemark und Deutschland ist recht kurz: Sie ist nur (e) ___ km lang.

1 (a) $6 \cdot 79 =$ ___
(b) $4 \cdot 25 =$ ___
(c) $4 \cdot 12 + 4 =$ ___
(d) $5000 + 2000 =$ ___
(e) $17 \cdot 4 =$ ___

hvidløg

2 WdZ
$6 \cdot 50 - 3$
$8 \cdot 11 + 2$
$10 \cdot 12 - 3$
$3 \cdot 25 - 5$
$9 \cdot 25 + 0$
$7 \cdot 20 + 7$
$3 \cdot 50 - 0$
$6 \cdot 30 + 9$
$5 \cdot 40 - 5$

2 Dänemark ist ein Königreich. Die Königin heißt (2) _____ II. Ihr Regierungssitz ist das Schloss Amalienborg in Kopenhagen.

99

bøger

3 (a) $4 \cdot 15$
(b) $2 \cdot 40$
(c) $4 \cdot 25$

3 Die Hauptstadt Kopenhagen liegt auf der Insel Seeland. Seeland erreicht man mit der Fähre oder über die Beltbrücke. Die Fahrt mit der Fähre von Puttgarden nach Rødby Havn dauert ungefähr (a) ___ Minuten. Hin und zurück kostet es mit dem Auto (b) ___ bis (c) ___ Euro.

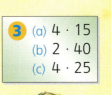
Hot dog

Rød grød med fløde

pærer

æbler

4 (a) $31 \cdot 5$
(b) $42 \cdot 4$
(c) $4 \cdot 22$

4 In Kopenhagen gibt es den berühmten Vergnügungspark TIVOLI. Er besteht jetzt seit mehr als (a) ___ Jahren. Tivoli ist vom 1. Mai bis zum 15. September geöffnet. Das sind (b) ___ Tage.

Urlauber, die gerne einkaufen und bummeln, finden in Kopenhagen die längste Fußgängerzone Europas. Die Strøget ist 1 km (c) ___ m lang, das sind ___ m.

isvaffel

Übungsteil Seite 126, Aufgaben 3 – 5

Alles in Euro

Jeder legt 53 Euro. Wie viel Geld liegt auf dem Tisch?

$$4 \cdot 53 = 212$$
$$4 \cdot 50 = 200$$
$$4 \cdot 3 = 12$$

1 Lege mit dem neuen Geld und rechne.

a) 3 · 27 Euro   b) 4 · 35 Euro   c) 3 · 78 Euro

2 a) Drei Kinder sitzen am Tisch. Jedes legt 46 Euro.

b) Sechs Kinder sitzen am Tisch. Jedes legt 64 Euro.

3 Drei Kinder kaufen das Buch „Die Prinzessin auf der Erbse". Wie viel Euro kassiert der Verkäufer?

Däumelinchen   H. Chr. Andersen   **11 Euro**

Die Prinzessin auf der Erbse   H. Chr. An.   **13 Euro**

Des Kaisers neuen Kleider   H. Chr. An.   **15 Euro**

4 Am Samstag kaufen fünf Kinder das Buch „Des Kaisers neue Kleider".

5 Herr Peters kauft alle drei Bücher von Hans Christian Andersen.

6 a)

Wie viel Geld zusammen?

Bestellung: Zahlix

1.07.2002

Zahlbar in Euro.

$3 \cdot 46,-$
$3 \cdot 64,-$
$3 \cdot 63,-$
$3 \cdot 36,-$

Lieferung erfolgt nach Zahlung der Rechnung.

Willkommen im

Hans Christian Andersen Märchenladen

mit Puppentheatern, Büchern und Geschenkideen

b)

Bestellung: Zahline

1.07.2002

Zahlbar in Euro.

$6 \cdot 25,-$
$6 \cdot 52,-$
$5 \cdot 26,-$
$5 \cdot 62,-$

Lieferung erfolgt nach Zahlung der Rechnung.

In der Zahlengärtnerei

1

600 − 6

6 · 99

a) 3 · 99	b) 6 · 49	c) 49 · 3
5 · 99	4 · 49	49 · 5
8 · 99	8 · 49	49 · 9

d) 8 · 19	e) 7 · 29	f) 6 · 38
6 · 19	8 · 39	7 · 68
9 · 19	6 · 59	5 · 48

2
a) 2 · 87	b) 7 · 25	c) 9 · 58	d) 5 · 89
2 · 78	7 · 52	9 · 85	5 · 98

156   166   174   175   364   445   490   522   765

KRESSE
Inhalt: 100 ____

NARZISSEN
Inhalt: 10 ____

3 Subtrahiere die beiden Ergebnisse. Was fällt dir auf? Findest du eine Mal-Aufgabe?

a) 6 · 94	b) 4 · 87	c) 68 · 7	d) 73 · 8
6 · 44	4 · 37	18 · 7	23 · 8

Krokus
Höhe: 10 ____

4 Die drei Ergebnisse zusammen ergeben 1000.

a) 5 · 45	b) 28 · 5	c) 4 · 71	d) 67 · 4
5 · 73	79 · 5	4 · 86	87 · 4
5 · 82	93 · 5	4 · 93	96 · 4

101

Länge
40 ____

Inhalt:
10 ____

5

Zwei Zahlen auf den Blättern, sechs Malaufgaben auf den Blüten.

5 · 3   3 · 5
5 · 30   3 · 50
5 · 33   3 · 55
3   5

Heute im Angebot: **Einmaleinsblumen**

3 ·	5	=	1 5
3 ·	5 0	=	1 5 0
3 ·	5 5	=	1 6 5
5 ·	3	=	

ROSEN-ERDE
Inhalt:
20 ____

6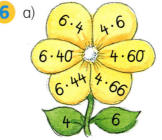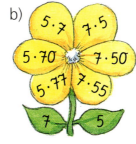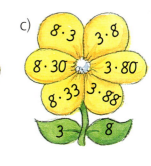

a)
6 · 4   4 · 6
6 · 40   4 · 60
6 · 44   4 · 66
4   6

b)
5 · 7   7 · 5
5 · 70   7 · 50
5 · 77   7 · 55
7   5

c)
8 · 3   3 · 8
8 · 30   3 · 80
8 · 33   3 · 88
3   8

Garten-Kalk
Inhalt:
25 ____

7 Welche Einmaleinsblumen sind es?

a) 2   8   b) 3   6   c) 8   5   d) 4   3   e) 5   5

8 Malt selbst Einmaleinsblumen.
Welche haben nur drei verschiedene Blütenblätter?

Neues vom Zirkus Einmaleins

1 Wie viele Flaschen sind es?
8 Kästen, 11 Kästen, 12 Kästen, 20 Kästen

2
1 · 12 = 12
2 · 12 = 24
3 · 12 =
4 · 12 =
5 · 12 = 60
6 · 12 =

Bis 12 · 12

3 Welche Zahlen gehören zur 12er-Reihe?
Schreibe die Mal-Aufgaben dazu.

24   48   56   72   88   108   112

4 Süße Kuchen für das Fest.

4 · 11 = 44

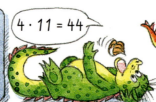

1 · 11 = 11
2 · 11 = 22
3 · 11 =

Bis 11 · 11

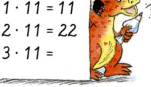

5 KUGELBAHN-VERLEIH

6   20
8
10   12

START-ZAHLEN

a) START · 3   · 2   : 12

b) START · 11   : 2   : 11

c) START · 12   : 2   : 6

6

3 · 50 = ____

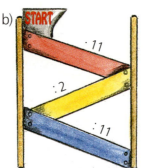

6 · 25 = ____

7
1 · 25 = 25
2 · 25 = 50
3 · 25 =
4 · 25 =

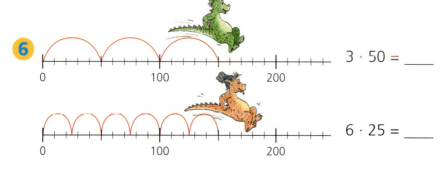

8 Auf welchen Zahlen kann Zahline landen? Schreibe die Mal-Aufgaben dazu.

50   80   100   120   125   175   200   220   250   300

9
100 : 50   150 : 50   200 : 50   250 : 50   300 : 50
100 : 25   150 : 25   200 : 25   250 : 25   300 : 25

Geschichten von 1001

1 a)

1001

988 + ___
955 + ___
880 + ___

b)

1001

893 + ___
607 + ___
64 + ___

c)

1001

___ + 15
___ + 51
___ + 76

d)

1001

___ + 450
___ + 661
___ + 972

8   13   29   46   108   121   340   394   551   925   937   950   986

a) Meine Zahl ist um 11 kleiner als 1001.

b) Meine Zahl ist um 111 kleiner als 1001.

c) Wenn du zu meiner Zahl 555 addierst, erhältst du 1001.

d) Wenn du zu meiner Zahl 707 addierst, erhältst du 1001.

e) Wenn du meine Zahl halbierst und dann 801 addierst, erhältst du 1001.

f) Wenn du meine Zahl verdoppelst dann 401 addierst, erhältst du 1001.

g) Meine Zahl hat die Quersumme 10. Wenn du meine Zahl von 1001 subtrahierst, erhältst du eine Zahl unter 100.

2 Für Einmaleins-Artisten.
Alle vier Ergebnisse zusammen ergeben 1001.

a) $9 \cdot 8 \cdot 7$
   $9 \cdot 7 \cdot 3$
   $8 \cdot 7 \cdot 4$
   $7 \cdot 4 \cdot 3$

b) $9 \cdot 7 \cdot 7$
   $9 \cdot 7 \cdot 6$
   $7 \cdot 7 \cdot 2$
   $7 \cdot 6 \cdot 2$

c) $8 \cdot 7 \cdot 7$
   $8 \cdot 7 \cdot 4$
   $7 \cdot 7 \cdot 5$
   $7 \cdot 5 \cdot 4$

d) $7 \cdot 7 \cdot 6$
   $7 \cdot 7 \cdot 5$
   $7 \cdot 6 \cdot 6$
   $7 \cdot 6 \cdot 5$

e) $11 \cdot 9 \cdot 4$
   $11 \cdot 9 \cdot 3$
   $11 \cdot 4 \cdot 4$
   $11 \cdot 4 \cdot 3$

f) $11 \cdot 9 \cdot 2$
   $11 \cdot 9 \cdot 5$
   $11 \cdot 2 \cdot 4$
   $11 \cdot 4 \cdot 5$

g) $11 \cdot 2 \cdot 6$
   $11 \cdot 2 \cdot 7$
   $11 \cdot 5 \cdot 6$
   $11 \cdot 5 \cdot 7$

h) $11 \cdot 8 \cdot 3$
   $11 \cdot 8 \cdot 4$
   $11 \cdot 4 \cdot 5$
   $11 \cdot 3 \cdot 5$

3 Du kannst anfangen, wo du willst!

1001 $\xrightarrow{-281}$ a)   585 $\xrightarrow{-499}$ 1001 $\xrightarrow{-441}$ b)   65 $\xrightarrow{\cdot 8}$

516 $\xrightarrow{+485}$ 360 $\xrightarrow{:40}$ 86 $\xrightarrow{\cdot 6}$ 8 $\xrightarrow{\cdot 83}$ 520 $\xrightarrow{:2}$ 664 $\xrightarrow{-599}$

9 $\xrightarrow{\cdot 65}$ 720 $\xrightarrow{:2}$ 560 $\xrightarrow{:70}$ 260 $\xrightarrow{+741}$

4 Alle vier Ergebnisse zusammen ergeben 1001.

a) $5 \cdot 70 + 26$
   $3 \cdot 40 + 57$
   $4 \cdot 20 + 32$
   $9 \cdot 30 + 66$

b) $50 \cdot 4 - 12$
   $60 \cdot 5 - 15$
   $40 \cdot 8 - 17$
   $30 \cdot 8 - 15$

c) $9 \cdot 40 - 61$
   $7 \cdot 60 - 25$
   $5 \cdot 30 - 64$
   $4 \cdot 80 - 99$

5 Geheimnisvolle Rechentürme.

a)   b)   c)   d) 1001   e) 1001

467   468

67   65   63

400   403   406   409   415

Eine Lösungszahl bleibt übrig. Findest du dazu ein Rätsel?

294   446
300   890
335   910
400   990

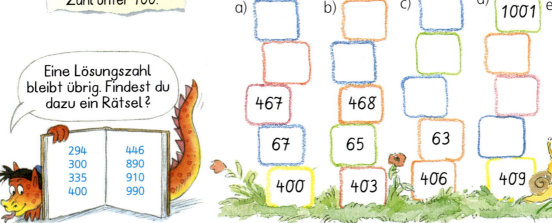

Erst Euro, dann Cent

1 Erst Euro, dann Cent, dann zusammen.

a)

3	·	1,	1	5	€	=	3,	4	5	€
3	·	1			€	=		3		€
3	·		1	5	Cent	=		4	5	Cent

b)

6	·	1,	1	5	€	=				
6	·	1			€	=		6		€
6	·		1	5	Cent	=	9	0	Cent	

2 Wie teuer sind die Waren?

a)   b)   c)   d)   e)

3

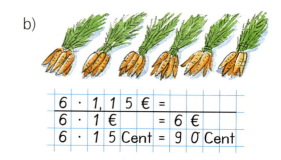

a)   b)   c)   d)   e)

4 Alle sechs Ergebnisse zusammen ergeben 90 Euro.

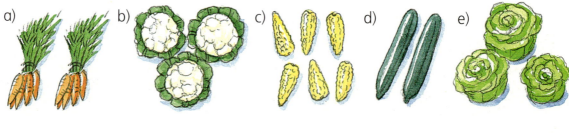

a) | 3 | 7 | 10 | · | 0,80 € | 3,70 € |

b) | 5 | 6 | 9 | · | 1,30 € | 3,20 € |

5

a)
Birnen	3,20 €
Trauben	3,70 €
Kiwis	1,40 €

b)
Salat	2,55 €
Mais	4,20 €
Gurken	4,20 €
Tomaten	2,30 €

c)
Erdbeeren	2,90 €
Äpfel	3,50 €
Orangen	3,40 €
Kiwis	2,80 €

d)
Paprika	2,60 €
Möhren	2,30 €
Salat	3,40 €
Porree	3,10 €

104

Der Gartenteich

1 Vater gräbt mit Onkel Heinz ein Loch für den Gartenteich. Alle fünf Minuten füllen sie eine Schubkarre.

    a) Wie viele Schubkarren füllen sie in einer halben Stunde, wie viele in einer Stunde?

    b) Nach drei Stunden sind sie endlich fertig.

2 Für den Boden kaufen sie eine Teichfolie.

    a) Setze die Tabelle fort bis 10 m Länge.

    b) Wie viel Euro kosten 8 m der dicken Folie?

    c) Mutter meint: „Die Folie braucht nur 0,5 mm dick zu sein. Dann sparen wir viel Geld."

Länge	Teichfolie	
	0,5 mm	1 mm
1 m	11 Euro	18 Euro
2 m	22 Euro	36 Euro
3 m	33 Euro	

3 a) Vater schlägt am Teichrand 12 Holzpfosten ein. Ein Pfosten kostet 2,50 Euro. Schreibe auch in eine Tabelle.

    b) An der anderen Seite verlegt Vater 16 Abdeckplatten. Eine Platte kostet 7,50 Euro.

4 Alle suchen gemeinsam Pflanzen für den Teich aus.

    a) Petra sucht zwei Rohrkolben aus.

    b) Vater nimmt eine rote und eine weiße Seerose.

    c) Mutter nimmt ein Riesenschilf. Gesamtpreis?

Wasserpest	2,90
Rohrkolben	9,90
Hornkraut	2,80
Riesenschilf	6,40
Seerose rot	14,50
weiß	8,50

5 Endlich wird Wasser eingelassen. Um 13.30 Uhr legt Mutter den Schlauch in den Teich. Um 16 Uhr ist der Teich halb voll.

Ein Ausflug auf dem Rhein

Von Koblenz nach	km	einfache Fahrt	Hin- und Rückfahrt
Koblenz			
Niederlahnstein	592		
Oberlahnstein	586	2,10 €	
Rhens	584	2,10 €	2,80 €
Braubach	582	3,60 €	2,80 €
Boppard	580	5,40 €	5,10 €
Kamp-Bornhofen	571	7,60 €	7,30 €
Bad Salzig	569	10,50 €	9,40 €
St. Goarshausen	566	10,50 €	12,90 €
St. Goar	557	14,60 €	12,90 €
	556	14,60 €	14,90 €
			14,90 €

1 Familie Kröll wohnt in Koblenz. Die Eltern wollen mit ihren Kindern Julia (7 Jahre) und Sebastian (5 Jahre) zur Marksburg. Suche die Marksburg auf der Karte Seite 107. Bei welcher Stadt liegt sie?

2 Wie viel Kilometer legt das Schiff von Koblenz bis Braubach zurück?

3 a) Was kostet die Hin- und Rückfahrt für Frau und Herrn Kröll?

b) Kinder zahlen die Hälfte. Was kostet die Fahrt für sie?

c) Wie viel Geld bezahlt Familie Kröll insgesamt?

			Fahrplan		an	täglich 18.00	täglich 20.00
täglich 9.00	täglich 11.00	ab	Koblenz			17.40	19.40
9.25	11.25		Niederlahnstein			17.30	19.35
9.35	11.35		Oberlahnstein			17.20	19.25
9.45	11.45		Rhens			17.10	19.20
10.00	12.00		Braubach			16.40	18.50
10.50	12.50		Boppard			16.30	18.40
11.00	13.00		Kamp-Bornhofen			16.20	18.30
11.10	13.10		Bad Salzig			15.55	18.10
11.55	13.55		St. Goarshausen		ab	15.45	18.00
12.05	14.05	an	St. Goar				

4 Familie Kröll ist um 8.45 Uhr an der Anlegestelle.

a) Wann fährt ihr Schiff ab?

b) Wie lange müssen sie noch warten?

c) Wann sind sie in Braubach?

d) Wie lange dauert die Fahrt?

5 Für die Rückfahrt nehmen sie das Schiff um 17.10 Uhr.

a) Wann sind sie in Koblenz?

b) Wie lange dauert die Rückfahrt?

c) Warum geht es schneller als bei der Hinfahrt?

Die Lorelei

Mit ruhiger Empfindung

Ich weiß nicht, was soll es bedeuten,
dass ich so traurig bin;
ein Märchen aus alten Zeiten,
das kommt mir nicht aus dem Sinn.
Die Luft ist kühl, und es dunkelt,
und ruhig fließt der Rhein;
der Gipfel des Berges funkelt
im Abendsonnenschein.

6 a)

Tina, Arne und ihre Mutter machen einen Ausflug zur Burg Maus. Um 20 vor neun sind sie an der Anlegestelle in Koblenz.

b)

Oma und Opa aus Boppard besuchen Freunde in St. Goar. Sie werden dort kurz nach 14.00 Uhr erwartet.

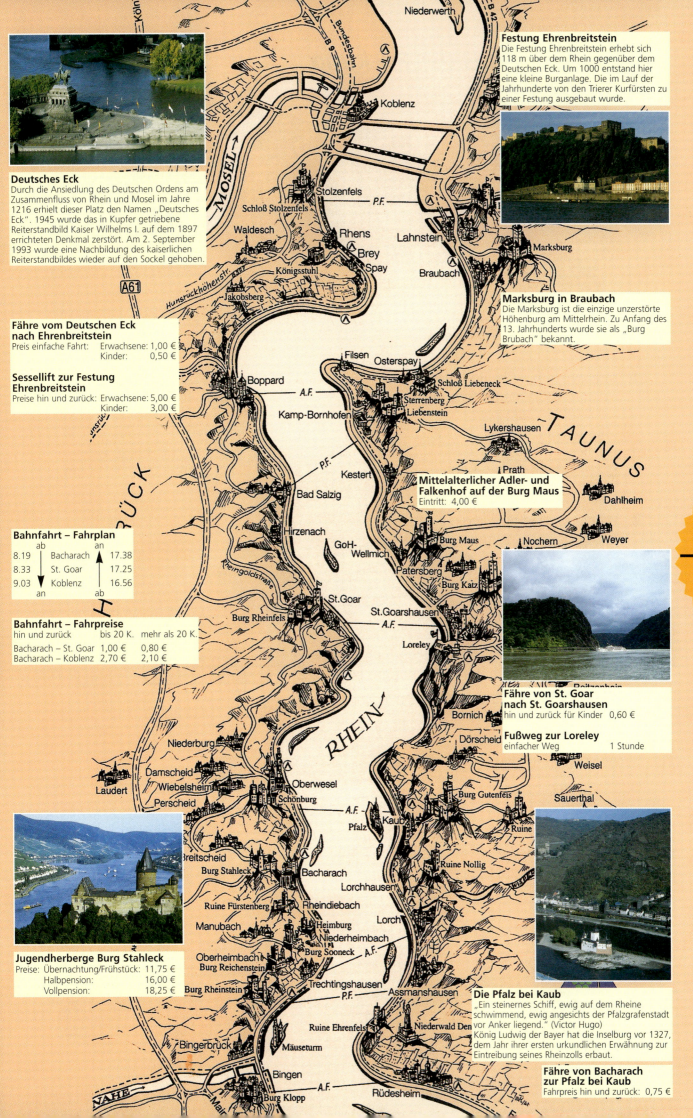

Deutsches Eck
Durch die Ansiedlung des Deutschen Ordens am Zusammenfluss von Rhein und Mosel im Jahre 1216 erhielt dieser Platz den Namen „Deutsches Eck". 1945 wurde das in Kupfer getriebene Reiterstandbild Kaiser Wilhelms I. auf dem 1897 errichteten Denkmal zerstört. Am 2. September 1993 wurde eine Nachbildung des kaiserlichen Reiterstandbildes wieder auf den Sockel gehoben.

Fähre vom Deutschen Eck nach Ehrenbreitstein
Preis einfache Fahrt: Erwachsene: 1,00 €
Kinder: 0,50 €

Sessellift zur Festung Ehrenbreitstein
Preise hin und zurück: Erwachsene: 5,00 €
Kinder: 3,00 €

Bahnfahrt – Fahrplan

ab		an
8.19	Bacharach	17.38
8.33	St. Goar	17.25
9.03	Koblenz	16.56
an		ab

Bahnfahrt – Fahrpreise

hin und zurück	bis 20 K.	mehr als 20 K.
Bacharach – St. Goar	1,00 €	0,80 €
Bacharach – Koblenz	2,70 €	2,10 €

Jugendherberge Burg Stahleck
Preise: Übernachtung/Frühstück: 11,75 €
Halbpension: 16,00 €
Vollpension: 18,25 €

Festung Ehrenbreitstein
Die Festung Ehrenbreitstein erhebt sich 118 m über dem Rhein gegenüber dem Deutschen Eck. Um 1000 entstand hier eine kleine Burganlage. Die im Lauf der Jahrhunderte von den Trierer Kurfürsten zu einer Festung ausgebaut wurde.

Marksburg in Braubach
Die Marksburg ist die einzige unzerstörte Höhenburg am Mittelrhein. Zu Anfang des 13. Jahrhunderts wurde sie als „Burg Brubach" bekannt.

Mittelalterlicher Adler- und Falkenhof auf der Burg Maus
Eintritt: 4,00 €

107

Fähre von St. Goar nach St. Goarshausen
hin und zurück für Kinder 0,60 €

Fußweg zur Loreley
einfacher Weg 1 Stunde

Die Pfalz bei Kaub
„Ein steinernes Schiff, ewig auf dem Rheine schwimmend, ewig angesichts der Pfalzgrafenstadt vor Anker liegend." (Victor Hugo)
König Ludwig der Bayer hat die Inselburg vor 1327, dem Jahr ihrer ersten urkundlichen Erwähnung zur Eintreibung seines Rheinzolls erbaut.

Fähre von Bacharach zur Pfalz bei Kaub
Fahrpreis hin und zurück: 0,75 €

Ein Stück aus der Packung

1 a) Max kauft sechs Batterien. Jana kauft ihm eine Batterie ab.

 Erst Euro, dann Cent, dann zusammen.

b) Lisa kauft drei Filme. Peter kauft ihr einen Film ab.

6,36 €	:	6	=	1,06 €
6 €	:	6	=	1 €
36 Cent	:	6	=	6 Cent

6,39 €	:	3	=	2,13 €
6 €	:	3	=	2 €
39 Cent	:	3	=	13 Cent

2 Wie teuer sind die Waren einzeln?

a)  b)  c)  d)

3 a) Frau Knauf kauft sechs Videobänder. Ein Band bekommt ihre Nachbarin.

b) Herr König kauft vier Filme. Einer ist für Frau Storm.

13,20 €	:	6	=	
12 €	:	6	=	2 €
120 Cent	:	6	=	20 Cent

 13,20 € = 12 € + 1,20 €

4 Alle sechs Ergebnisse zusammen ergeben 36 Euro.

a) (19,20 € | 28,80 € : 3 | 4 | 6)   b) (4,50 € | 40,50 € : 2 | 5 | 10)

5 a) Videobänder gibt es im Zweier-Pack und im Sechser-Pack. Was ist günstiger?

b) Filme gibt es im Dreier-Pack und im Vierer-Pack. Was ist günstiger?

6 Wie viel Geld bekommen die Kunden zurück?

a)   b)  c)  d)

1 Wähle eine ZAHL zwischen 10 und 100.
➤ Nimm das Zehnfache deiner ZAHL.
➤ Ziehe 10 ab.
➤ Streiche die letzte Ziffer weg.
➤ Addiere 110.
➤ Ziehe deine ZAHL ab.

Das Ergebnis deiner Rechnung findest du im DIAMANTEN!

Ich wähle 22.

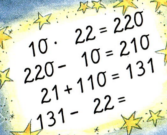

$$10 \cdot 22 = 220$$
$$220 - 10 = 210$$
$$21 + 110 = 131$$
$$131 - 22 =$$

2 Wähle eine ZAHL zwischen 10 und 100.
➤ Nimm das Fünffache der ZAHL.
➤ Ziehe es von 545 ab.
➤ Verdopple das Ergebnis.
➤ Streiche die letzte Ziffer weg.
➤ Addiere deine ZAHL.

Schaue in den DIAMANTEN!

3 Wähle eine ZAHL zwischen 10 und 100.
➤ Ziehe deine ZAHL von 333 ab.
➤ Verdopple das Ergebnis.
➤ Addiere deine ZAHL.
➤ Ziehe 557 ab.
➤ Addiere nochmal deine ZAHL.

Immer wieder der DIAMANT!

109

4 Wähle eine ZAHL zwischen 100 und 200.
➤ Verdopple deine ZAHL.
➤ Addiere 654.
➤ Halbiere das Ergebnis.
➤ Ziehe deine ZAHL ab.
➤ Teile das Ergebnis durch 3.

Du kommst nicht von dem DIAMANTEN los!

5 Wähle eine ZAHL zwischen 200 und 500.
➤ Ziehe deine ZAHL von 1000 ab.
➤ Subtrahiere 346.
➤ Addiere deine ZAHL.
➤ Halbiere das Ergebnis.
➤ ...

Was musst du jetzt noch tun, um den DIAMANTEN zu finden?

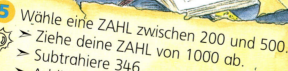

Zauberaufgaben

1 Kennst du noch den Zauberhut von Zahlix ?
Drei Zahlen zieht er heraus,
sechs Durch-Aufgaben macht er daraus.

24 : 4	240 : 40	240 : 4
24 : 6	240 : 60	240 : 6

2 Schreibe sechs Durch-Aufgaben auf.

a) 　　　b)

c) 　　d) 　　e) 　　f)

110

3

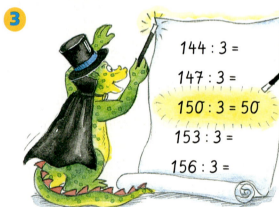

144 : 3 =
147 : 3 =
150 : 3 = 50
153 : 3 =
156 : 3 =

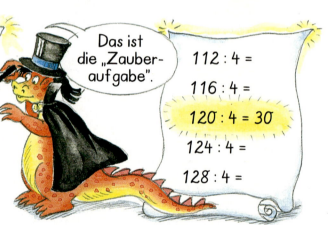

Das ist die „Zauberaufgabe".

112 : 4 =
116 : 4 =
120 : 4 = 30
124 : 4 =
128 : 4 =

4
a) 210 : 7	b) 240 : 6	c) 540 : 9	d) 350 : 5	e) 360 : 4
217 : 7	252 : 6	549 : 9	340 : 5	356 : 4
224 : 7	258 : 6	558 : 9	330 : 5	348 : 4

5 Die Kinder lösen die Aufgabe auf verschiedene Art. Erkläre die Rechenwege.

132 : 6 = 22	132 : 6 = 22	132 : 6 = 22
120 : 6 = 20	60 : 6 = 10	120 : 6 = 20
126 : 6 = 21	60 : 6 = 10	12 : 6 = 2
132 : 6 = 22	12 : 6 = 2	

Wie rechnest du?

6
a) 285 : 5	b) 168 : 4	c) 156 : 6	d) 416 : 8
395 : 5	208 : 4	252 : 6	488 : 8
410 : 5	292 : 4	366 : 6	576 : 8

Durch die Zahlenmühle

1 a) ↘ 138 ↙

1 2 0	:6	2 0
1 8		3
1 3 8 : 6 =		

Erst das Grobe, dann das Feine.

b) ↘ 282 ↙

2 4 0	:6	4 0
4 2		
2 8 2 : 6 =		

c) ↘ 378 ↙

3 6 0	:6	
3 7 8 : 6 =		

2 a) ↘ 315 ↙

2 8 0	:7	
3 1 5 : 7 =		

b) ↘ 112 ↙ :7

c) ↘ 504 ↙ :7

d) ↘ 616 ↙ :7

3

215   165
310   470
       285
435   375

26 33 43 57 62 75 87 94

:5

2 1 5 : 5 =	
2 0 0 : 5 =	4 0
1 5 : 5 =	3

40 + 3 = 43

4
a) 132 : 4
   272 : 4
   312 : 4

b) 252 : 3
   114 : 3
   201 : 3

c) 153 : 9
   378 : 9
   648 : 9

d) 165 : 3
   144 : 4
   185 : 5

e) 510 : 6
   511 : 7
   512 : 8

17   21   33   36   37   38   42   55   64   67   68   72   73   78   84   85

5 ↘ 315 ↙

3 0 0	:3	1 0 0
1 5		
3 1 5 : 3 =		

Erst ganz grob.

a) 315 : 3
   330 : 3
   390 : 3
   450 : 3

b) 515 : 5
   530 : 5
   625 : 5
   850 : 5

c) 714 : 7
   756 : 7
   840 : 7
   980 : 7

102   103   105   106   107   108   110
120   125   130   140   150   170

6

840   324
432   252
720   480

a) :4

Erst den größten Brocken.

b) :6

42   47   54   63   72   80   81   108   120   120   140   180   210

7 a) Acht Freunde machen einen Ausflug zum Mühlen-Museum.
   Fahrt und Eintritt kosten zusammen 104 Euro. Wie viel muss jeder zahlen?

b) Sie kaufen frisch gebackene Brote und zahlen dafür 18,40 Euro. Sie teilen die
   Kosten unter sich auf.

c) Am Mittag holt Markus für alle belegte Brötchen. Er bezahlt 9,20 Euro.

Übungsteil Seite 126, Aufgaben 13 – 14

Manchmal bleibt ein Rest übrig

1 a)

```
      140
120      20
 18 :6    3
  2     Rest 2
140 : 6 = 23 R 2
```

Erst das Grobe, dann das Feine und der Rest.

b)

```
      400
350      50
 49 :7    7
  1     Rest 1
400 : 7 =
```

2 a)

```
      150
120
    :4
```

b)

```
      200
    :3
```

c)

```
      300
    :8
```

3 Bei welchen Zahlen bleibt ein Rest?

140   153
  88   277
250
  192   310

:3

```
140 : 3 =
120 : 3 = 40
 20 : 3 =  6 Rest 2
```

Zusammen 46 Rest 2

29 R 1   46 R 2   51   64   83 R 1   92 R 1   100   103 R 1

4 Bei welchen Zahlen bleibt ein Rest?

Die Fünfer-Reste erkenne ich gleich.

314   88
424   177
   281
233   325

a) :10

b) :5

Lustige Ergebnisse!

5

100   200
300   400
   500
700   600

a) :9

b) :8

6 a) Zum Mühlen-Museum gehört die Gärtnerei Mainz. Herr Mainz schneidet heute 200 frische Nelken. Frau Mainz bindet daraus Sträuße mit sieben Nelken.

b) Petra hilft ihren Eltern bei der Arbeit. Sie verteilt 150 Stiefmütterchen auf acht Blumenkästen.

c) Herr Mainz hat neun Blumenkästen auf dem Markt verkauft. Er hat dafür 130,50 Euro eingenommen.

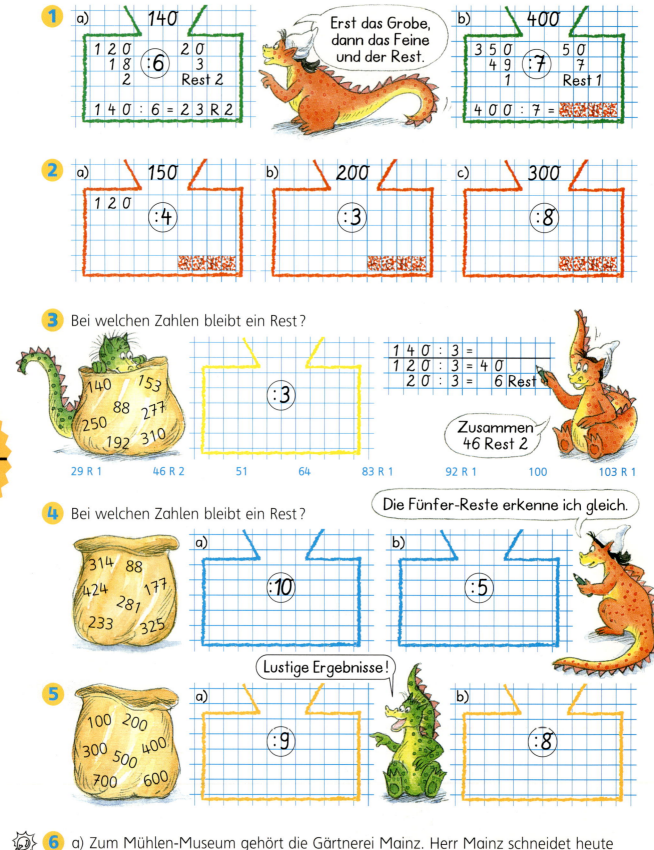

Rechen-Olympiade

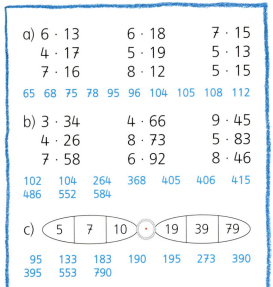

a)
6 · 13	6 · 18	7 · 15
4 · 17	5 · 19	5 · 13
7 · 16	8 · 12	5 · 15

65 68 75 78 95 96 104 105 108 112

b)
3 · 34	4 · 66	9 · 45
4 · 26	8 · 73	5 · 83
7 · 58	6 · 92	8 · 46

102 104 264 368 405 406 415
486 552 584

c) 5 | 7 | 10 | · | 19 | 39 | 79

95 133 183 190 195 273 390
395 553 790

d) Welche Zahlen gehören zur 12er-Reihe? Schreibe die Mal-Aufgaben dazu.

36 50 60 84 96 110 120

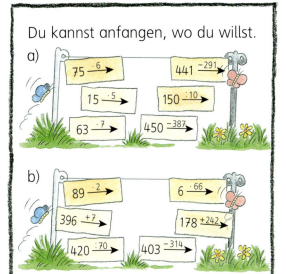

Du kannst anfangen, wo du willst.

a) 75 —·6→   441 —291→
   15 —·5→   150 —:10→
   63 —·7→   450 —387→

b) 89 —·2→   6 —·66→
   396 —+7→   178 —+242→
   420 —:70→ 403 —314→

a)
2 · 4,60 €	5 · 3,40 €
3 · 3,20 €	6 · 1,80 €
4 · 2,50 €	7 · 1,30 €

9,10 €   9,20 €   9,60 €   10 €
10,80 €   15 €   17 €

b) 3 | 6 | 9 | · | 1,20 € | 3,80 €

Alle Ergebnisse zusammen ergeben 90 Euro.

c) 7,20 € | 16,80 € | : | 2 | 3 | 4

Alle Ergebnisse zusammen ergeben 26 Euro.

Urlaub in Dänemark. Da wird viel fotografiert.

a) Sabine nimmt vier Filme mit. Auf jedem Film sind 24 Bilder.

b) Bernd nimmt drei Filme mit. Auf jedem Film sind 36 Bilder.

c) Wie viel Euro zahlt Sabine für die Filme? Wie viel Bernd?

3,40 €
6,80 DM

4,90 €
9,80 DM

d) Sabine und Bernd haben zusammen 204 Fotos gemacht. Aber 18 sind nicht gut gelungen.

e) Die gelungenen Fotos kleben sie in ein Album, immer sechs Fotos auf eine Seite.

31 96 108 186 13,60 € 14,70 € 15 €

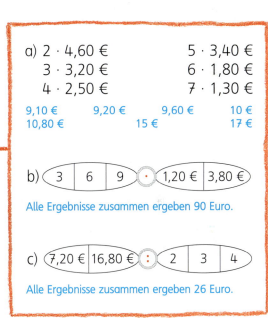

a)
120 : 2	200 : 5	300 : 6
124 : 2	210 : 5	330 : 6
130 : 2	230 : 5	336 : 6

40 42 46 50 55 56 60 62 65 70

b)
126 : 3	216 : 4	357 : 7
165 : 3	264 : 4	441 : 7
207 : 3	308 : 4	504 : 7

35 42 51 54 55 63 66 69 72 77

c) Hier bleibt ein Rest.

125 : 3	161 : 4	182 : 6
253 : 5	275 : 8	255 : 9

28 R3   30 R2   34 R3   40 R1
41 R2   45 R3   50 R3

Tiere im Tierheim

1

zugelaufene Hunde und Katzen			
Mainz	Bad Kreuznach	Bingen	Ludwigshafen
367		89	

a) In Bad Kreuznach wurden 143 Tiere weniger als in Mainz gefunden.

b) In Ludwigshafen musste das Tierheim doppelt so viele Tiere aufnehmen wie in Bingen.

c) Wie viele Tiere wurden insgesamt abgegeben?

Hunde zugelaufen

Bad Kreuznach. Im Fundbüro der Stadt Bad Kreuznach wurden zwei Schlüsseletuis und ein Paar Lederhandschuhe abgegeben. Außerdem wurden ein schwarzer Labrador und ein schwarz-brauner Schäferhund als zugelaufen gemeldet. Nähere Informationen können Interessierte beim Fundbüro erfah-

2

Jahresbericht

Im vergangenen Jahr haben wir an Hunden aufgenommen:

Jan.	Febr.	März	April	Mai	Juni
27	23	15	26		18
Juli	Aug.	Sept.	Okt.	Nov.	Dez.
37			24		21

Aufnahme von Katzen:

Jan.	Febr.	März	April	Mai	Juni
22	15	7	9	24	35
Juli	Aug.	Sept.	Okt.	Nov.	Dez.
		39	37	23	

Fülle die Lücken in den Tabellen aus.

a) Im November wurden genauso viele Hunde ins Tierheim gebracht wie im Januar.

b) Im Mai, August und September wurden gleich viele Hunde aufgenommen, zusammen 78.

c) Im Juli wurden so viele Katzen wie in den ersten 4 Monaten zusammen abgeliefert.

d) Im August nahm das Tierheim doppelt so viele Katzen auf wie im Januar, im Dezember dagegen nur halb so viele.

e) Wie viele Hunde hat das Tierheim aufgenommen? Wie viele Katzen?

f) Wie viele Hunde und Katzen hat das Tierheim insgesamt aufgenommen?

3

Jm vergangenen Jahr konnten 212 Hunde und 282 Katzen an tierliebe Menschen vermittelt werden.

a) Einige Hunde konnten nicht vermittelt werden.

b) Das Tierheim musste einige Katzen behalten.

Toby findet ein neues Zuhause.

Toby kam am 23. 06. 1997 ins Tierheim. Man schätzt, dass er 1996 geboren wurde. Am 30. 06. 1998 hat er ein neues Zuhause gefunden.

Toby wurde inzwischen schon sechsmal Vater. Jedes Mal sind durchschnittlich vier Welpen zur Welt gekommen.

Toby frisst jeden Tag eine Dose „Rind mit Leber". Die Dose kostet 0,69 Euro.

HAPPI
Rind mit Leber

Ausstattung für den Hund

Halsband	7,25 €
Roll-Leine	10,95 €
Bürste	4,60 €
Futternapf	2,30 €
Wassertopf	2,25 €
Büffelhaut-Knochen	3,25 €

VERSICHERUNGSSCHEIN

Versicherungsbeginn 01.07.98, 12 Uhr		Versicherungsablauf 01.07.99, 12 Uhr	Zahlungsweise		
Wagnis-Nr.	Deckungss. s. Rückseite		1/1 jährlich	Fälligkeitsmonat	
30011	1	Versicherte Wagnisse		7	
		HUNDEHALTUNG		Mengeneinheit	Jahresprämie Euro
				1	51,60

HUNDESTEUERBESCHEID

Die ab. 1. Januar 1999 gültige Hundesteuermarke ist beigefügt. Bitte vernichten sie die alte grüne Hundesteuermarke. Außerhalb der Wohnung bzw. des Grundstücks muss der Hund die neue Steuermarke am Halsband tragen.

BITTE AUFBEWAHREN, DIESER BESCHEID GILT BIS ZUR ERTEILUNG EINES NEUEN BESCHEIDES, GEGEBENENFALLS AUCH FÜR DIE FOLGENDEN JAHRE.

Für die nachstehend aufgeführten Hunde werden Sie zur Hundesteuer herangezogen

1 voll zu versteuernder Ersthund

Vierteljährliche Raten

Für das Jahr 1999

am 15.02. 11,00 €   am 15.05. 11,00 €   am 15.08. 11,00 €   am 15.11. 11,00 €

– Hundesteuermarke ist beigefügt –

1999   2000
Stadt
BINGEN
HUNDEMARKE

Heiter bis wolkig, um 20 Grad

Das Wetter am Donnerstag.

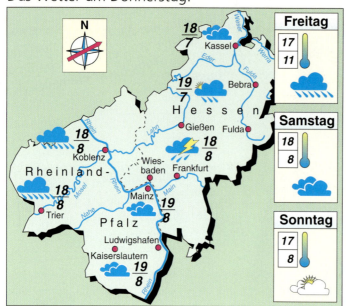

Das bedeuten die Zeichen:

sonnig heiter wolkig bedeckt Schauer

Regen Gewitter Nebel Schnee

| 18 | Höchste Temperatur am Tag |
| 10 | Tiefste Temperatur in der Nacht |

Die weiteren Aussichten:

---

1   a) Was kannst du alles aus der Wetterkarte ablesen? Erzähle.

     b) Wo ist es am Tage am wärmsten, wo am kältesten? Und in der Nacht?

2   Wie ist das Wetter in der Gegend von

     a) Mainz,   b) Koblenz,   c) Frankfurt,   d) Kassel,   e) Kaiserslautern?

 3   Wo wohnt ihr? Wie war das Wetter wohl bei euch?

4   Die Kinder haben jeden Tag mittags die Temperatur gemessen und für eine Woche ein Schaubild gezeichnet. Lies die Temperaturen ab und trage sie in eine Tabelle ein.

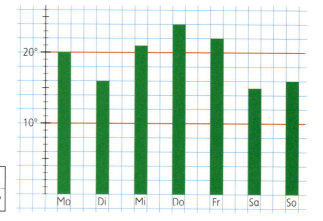

5   Zeichne ein Schaubild. (Wähle für 1 Grad ein Kästchen.)

Wochentag	Mo	Di	Mi	Do	Fr	Sa	So
Temperatur	22°	19°	18°	21°	22°	25°	27°

6   Messt selbst eine Woche lang jeden Mittag die Temperatur und zeichnet ein Schaubild.

7   Im April haben die Kinder selbst eine Wetterkarte angelegt. Erzähle.

8   Legt selbst eine Wetterkarte für einen Monat an.

APRIL

MO	DI	MI	DO	FR	SA	SO
				1. 7°C	2. 10°C	3. 9°C
4. 8°C	5. 4°C	6. 6°C	7. 6°C	8. 7°C	9. 5°C	10. 0°C
11. 0°C	12. 1°C	13. 3°C	14. 8°C	15. 13°C	16. 17°C	17. 15°C

Hölzchen und Quadrate

1 Lege mit Hölzchen eine Reihe aus Quadraten.

Quadrate	1	2	3	4	5	6
Hölzchen	4	7				

2 Wie viele Hölzchen werden hier gebraucht?

Quadrate	10	20	30	40	50	100
Hölzchen						

3 Zahlix hat eine Reihe aus acht Quadraten gelegt, Zahline eine Reihe aus doppelt so vielen Quadraten.
Braucht sie doppelt so viele Hölzchen?

4 Lege eine Doppel-Reihe aus Quadraten.

Quadrate	2	4	6	8	10	20
Hölzchen	7	12				

5 Zahlix hat 50 Hölzchen. Wie viele Quadrate kann er damit in einer Doppel-Reihe legen? Wie viele Hölzchen bleiben übrig?

6 Immer 16 Hölzchen.
Wie viele Quadrate?

a)

b)

c)

7 Lege mit 12 Hölzchen: a) 1 Quadrat b) 3 Quadrate c) 5 Quadrate

8 Zahline hat den Rand mit vielen Hölzchen gelegt.
Wie viele Hölzchen sind es?
Wie viele Quadrate sind es?
Zähle und rechne geschickt.

ZÜNDIS

Auf eigenen Wegen zum Ziel

4 **1**
a) 29 + 10
29 + 20
29 + 40

b) 45 + 10
45 + 30
45 + 40

c) 37 + 5
37 + 15
37 + 35

d) 48 + 9
48 + 29
48 + 49

e) 65 + 8
65 + 18
65 + 28

39   42   49   52   55   57   67   69   72   73   75   77   83   85   93   97

2
a) 28 + 14
37 + 25
48 + 24

b) 66 + 15
27 + 34
58 + 36

c) 14 + 16
25 + 27
57 + 43

d) 61 + 38
42 + 38
55 + 29

e) 26 + 28
37 + 37
58 + 33

30   42   52   54   61   62   64   72   74   80   81   84   91   94   99   100

3
a) (17 | 37 | **+** | 18 | 28 | 58)

b) (15 | 35 | **+** | 19 | 49 | 59)

34   35   44   45   54   55   64   65   74   75   84   94   95

- -

5 **4**
a) 82 − 10
82 − 40
82 − 70

b) 73 − 20
73 − 40
73 − 60

c) 48 − 9
48 − 19
48 − 39

d) 95 − 7
95 − 27
95 − 87

e) 64 − 8
64 − 28
64 − 58

6   8   9   12   13   29   33   36   39   42   53   56   68   72   76   88

5
a) 50 − 17
63 − 14
91 − 18

b) 100 − 74
100 − 36
100 − 82

c) 72 − 36
85 − 47
92 − 55

d) 86 − 58
43 − 16
75 − 28

e) 93 − 27
52 − 36
64 − 19

16   18   26   27   28   33   36   37   38   45   47   49   54   64   66   73

118

6
a) (100 | 50 | **−** | 18 | 28 | 38)

b) (73 | 54 | **−** | 9 | 19 | 29)

12   22   25   32   35   42   44   45   54   62   64   72   82

7 Zahlenrätsel.

a)
Addiere 28
und 37.

b)
Berechne den
Unterschied
von 80 und 48.

c)
Addiere zu 32 noch 29.
Subtrahiere von dem
Ergebnis 15.

d)
Addiere zu 17
den Unterschied
von 70 und 50.

22
32
37
46
65

- -

6 **8** Löse mit der Umkehraufgabe.

a) ___ —13→ 75
___ —17→ 47
___ —14→ 63

b) ___ —23→ 48
___ —36→ 52
___ —28→ 64

c) ___ —44→ 26
___ —56→ 37
___ —32→ 49

d) ___ —16→ 72
___ —31→ 19
___ —27→ 27

9
a) ___ +23→ 64
___ +31→ 72
___ +27→ 64

b) ___ +14→ 56
___ +26→ 74
___ +39→ 78

c) ___ +45→ 83
___ +34→ 94
___ +29→ 45

d) ___ +36→ 84
___ +64→ 96
___ +24→ 72

10
a) 53 − ___ = 31
72 − ___ = 58
84 − ___ = 62

b) 94 − ___ = 68
87 − ___ = 51
78 − ___ = 49

c) 36 + ___ = 48
48 + ___ = 62
37 + ___ = 69

d) 24 + ___ = 58
49 + ___ = 72
33 + ___ = 82

Willkommen im Zirkus Einmaleins

11

1
a) 10 · 9
9 · 9
8 · 9

b) 8 · 8
9 · 8
7 · 8

c) 10 · 7
7 · 7
6 · 7

d) 5 · 5
8 · 5
9 · 5

e) 10 · 6
5 · 6
6 · 6

f) 9 · 4
8 · 4
7 · 4

2
a) 6 · 7
7 · 8
8 · 9

b) 4 · 7
6 · 8
4 · 4

c) 6 · 9
7 · 3
3 · 5

d) 5 · 7
6 · 3
8 · 6

e) 3 · 3
7 · 9
10 · 5

f) 4 · 8
6 · 4
3 · 9

3
a) 7 · ___ = 63
7 · ___ = 49
7 · ___ = 56

b) 8 · ___ = 80
8 · ___ = 8
8 · ___ = 40

c) 9 · ___ = 81
9 · ___ = 45
9 · ___ = 54

d) 6 · ___ = 54
6 · ___ = 48
6 · ___ = 36

e) 5 · ___ = 50
5 · ___ = 45
5 · ___ = 35

4
a) 72 = ___ · 9
36 = ___ · 9
63 = ___ · 9

b) 72 = ___ · 8
32 = ___ · 8
56 = ___ · 8

c) 21 = ___ · 7
35 = ___ · 7
42 = ___ · 7

d) 60 = ___ · 6
42 = ___ · 6
30 = ___ · 6

e) 40 = ___ · 5
20 = ___ · 5
25 = ___ · 5

5 Schreibe zu jeder Zahl eine Mal-Aufgabe.
45   54   36   49   72   60   48   56   40   32

6
a) 50 : 5
72 : 8
48 : 6

b) 49 : 7
64 : 8
81 : 9

c) 60 : 6
56 : 7
45 : 5

d) 36 : 6
42 : 7
45 : 9

e) 80 : 8
9 : 9
14 : 7

f) 27 : 3
36 : 4
40 : 5

119

7
a) 56 : 8
32 : 4
36 : 9

b) 18 : 6
27 : 9
42 : 6

c) 24 : 4
24 : 8
24 : 6

d) 20 : 5
63 : 7
48 : 8

e) 70 : 7
18 : 2
54 : 9

f) 12 : 3
36 : 9
8 : 8

8
a) 9 · 4 + 4
8 · 7 + 3
8 · 9 − 4
7 · 7 − 6

b) 10 · 8 + 16
9 · 9 + 12
7 · 8 − 18
6 · 6 − 29

c) 36 : 6 + 35
42 : 7 + 56
45 : 9 + 42
64 : 8 + 74

d) 36 : 4 + 27
56 : 8 + 31
72 : 9 + 66
48 : 6 + 48

7   36   38   39   40   41   43   47   54   56   59   62   68   74   82   93   96

13

9 Zeichne in dein Heft, dann trage die fehlenden Zahlen ein.

a) 166

b) 125

c) 190

d) 145

e) 131

10 Starte immer bei 153. Wohin kommst du? Schreibe die Zahl auf.
a) 5 Schritte nach rechts
b) 7 Schritte nach rechts
c) 3 Schritte nach links
d) 8 Schritte nach links
e) 3 Schritte nach unten
f) 4 Schritte nach oben
g) 2 Schritte nach oben und 2 nach rechts
h) 3 Schritte nach unten und 4 nach links

15 **1** a) 30 + 40 b) 80 + 20 c) 10 + 60 d) 30 + 30 e) 50 + 30
130 + 40 180 + 20 110 + 60 130 + 30 150 + 30
50 + 40 40 + 60 10 + 70 40 + 40 70 + 20
150 + 40 140 + 60 110 + 70 140 + 40 170 + 20

2 a) 70 − 50 b) 90 − 40 c) 100 − 50 d) 80 − 40 e) 60 − 50
170 − 50 190 − 40 200 − 50 180 − 40 160 − 50
80 − 50 90 − 30 100 − 60 70 − 60 80 − 70
180 − 50 190 − 30 200 − 60 170 − 60 180 − 70

3 a) 44 + 22 b) 73 + 26 c) 35 + 48 d) 33 + 66 e) 27 + 34
144 + 22 173 + 26 135 + 48 133 + 66 127 + 34
68 + 31 47 + 27 18 + 57 29 + 38 59 + 23
168 + 31 147 + 27 118 + 57 129 + 38 159 + 23

4 a) 69 − 23 b) 92 − 56 c) 39 − 16 d) 92 − 37 e) 92 − 25
169 − 23 192 − 56 139 − 16 192 − 37 192 − 25
86 − 34 74 − 39 65 − 38 86 − 32 64 − 47
186 − 34 174 − 39 165 − 38 186 − 32 164 − 47

120 **16** **5** a) 96 + 4 b) 92 + 8 c) 95 + 7 d) 96 + 6 e) 93 + 10
96 + 5 92 + 9 97 + 7 98 + 8 97 + 10
96 + 9 92 + 10 99 + 7 99 + 9 99 + 10

6 a) 106 − 6 b) 107 − 7 c) 101 − 5 d) 108 − 9 e) 105 − 9
106 − 7 107 − 9 103 − 8 107 − 8 106 − 8
106 − 9 107 − 10 105 − 9 106 − 7 103 − 7

17 **7** a) 60 + 40 b) 70 + 30 c) 80 + 50 d) 40 + 60 e) 90 + 90
60 + 50 70 + 40 70 + 50 50 + 70 80 + 80
60 + 60 70 + 60 60 + 50 60 + 80 70 + 70

8 a) 130 − 30 b) 140 − 40 c) 150 − 60 d) 120 − 60 e) 110 − 30
130 − 50 140 − 60 150 − 70 140 − 70 120 − 40
130 − 80 140 − 80 150 − 80 160 − 80 130 − 50

9 Schreibe immer noch mindestens zwei Aufgaben dazu.

a) 60 + 70 b) 80 + 30 c) 90 + 20 d) 120 − 40 e) 150 − 70
63 + 70 81 + 30 94 + 20 129 − 40 155 − 70
67 + 70 83 + 30 91 + 20 127 − 40 153 − 70

Über die Hunderter

28 **1** a) 460 + 80   b) 660 + 60   c) 850 + 80   d) 330 + 80   e) 450 + 60
        490 + 30   620 + 90   880 + 40   530 + 80   650 + 60
        470 + 50   640 + 70   830 + 90   730 + 80   750 + 60

2 Schreibe immer noch zwei Aufgaben dazu.

a) 280 + 50   b) 670 + 90   c) 180 + 30   d) 450 + 90   e) 560 + 70
       282 + 50   675 + 90   183 + 30   455 + 90   561 + 70
       287 + 50   677 + 90   189 + 30   457 + 90   566 + 70

3 a) 780 + 40   b) 360 + 50   c) 470 + 70   d) 520 + 91   e) 240 + 76
        780 + 41   360 + 52   470 + 73   730 + 82   640 + 85
        780 + 45   360 + 56   470 + 77   670 + 65   390 + 57

29 **4** a) 230 − 70   b) 350 − 60   c) 620 − 50   d) 980 − 90   e) 800 − 40
        250 − 80   330 − 40   670 − 90   920 − 50   700 − 90
        210 − 40   360 − 80   610 − 70   950 − 70   400 − 10

5 a) 240 − 70   b) 370 − 90   c) 430 − 60   d) 550 − 80   e) 840 − 70
       244 − 70   371 − 90   437 − 60   552 − 80   841 − 70
       246 − 70   373 − 90   435 − 60   558 − 80   847 − 70

30 **6** a) 260 + 200   b) 330 + 300   c) 310 + 400   d) 220 + 220   e) 530 + 210
        480 + 300   540 + 400   310 + 420   340 + 350   210 + 530
        140 + 400   270 + 500   310 + 470   460 + 440   370 + 220

7 a) 450 − 300   b) 940 − 400   c) 760 + 200   d) 640 + 240   e) 590 − 330
        630 − 200   720 − 300   760 + 210   870 + 430   650 − 240
        760 − 500   870 − 500   760 − 240   750 + 210   930 − 610

8 Hänge auf die Wäscheleine. Du kannst anfangen, wo du willst.

Rechnen mit den Hundertertafeln

32 **1**

a)
37 + 6
137 + 6
337 + 6
837 + 6

b)
62 − 7
262 − 7
462 − 7
962 − 7

c)
59 + 3
459 + 3
659 + 3
959 + 3

d)
31 − 4
531 − 4
731 − 4
831 − 4

e)
68 + 7
268 + 7
468 + 7
668 + 7

17 27 43 55 62 75 143 255 275 343 455 462 475 527 662 675 727 827 843 955 962

2

a) | 254 | 342 | − | 6 | 8 | 4 |

b) | 691 | 784 | − | 9 | 6 | 3 |

3

a)
70 + 20
270 + 20
970 + 20

b)
20 + 50
420 + 50
820 + 50

c)
80 − 40
180 − 40
880 − 40

d)
90 − 30
590 − 30
790 − 30

e)
80 − 40
480 − 40
680 − 40

4

a)
45 + 20
245 + 20
445 + 20
845 + 20

b)
64 + 30
464 + 30
564 + 30
864 + 30

c)
78 − 40
378 − 40
678 − 40
978 − 40

d)
89 − 50
189 − 50
289 − 50
589 − 50

e)
76 − 60
276 − 60
776 − 60
576 − 60

5

a) | 326 | 247 | + | 20 | 40 | 50 |

b) | 583 | 779 | − | 30 | 50 | 70 |

122

6

a)
825 + 32
643 + 54
975 + 22

b)
541 + 27
464 + 31
343 + 56

c)
945 + 54
945 + 35
945 + 37

d)
623 + 37
623 + 39
623 + 41

e)
477 + 16
942 + 29
535 + 65

7

a) | 717 | 449 | + | 22 | 35 | 44 |

b) | 536 | 628 | + | 23 | 55 | 46 |

8

a)
586 − 31
643 − 42
767 − 54

b)
666 − 55
948 − 27
784 − 33

c)
853 − 33
853 − 34
853 − 37

d)
963 − 43
963 − 44
963 − 45

e)
474 − 56
546 − 38
693 − 27

9

a) | 675 | 584 | − | 55 | 44 | 66 |

b) | 283 | 768 | − | 23 | 34 | 45 |

10 Hänge auf die Wäscheleine. Du kannst anfangen, wo du willst.

a)
483 $\xrightarrow{-23}$ 573 $\xrightarrow{-80}$ 542 $\xrightarrow{+28}$
540 $\xrightarrow{+33}$ 493 $\xrightarrow{-43}$ 460 $\xrightarrow{+80}$ 350 $\xrightarrow{+210}$
450 $\xrightarrow{+42}$ 492 $\xrightarrow{-9}$

b)
570 $\xrightarrow{-140}$
430 $\xrightarrow{-80}$ 520 $\xrightarrow{+22}$
592 $\xrightarrow{-72}$ 560 $\xrightarrow{+32}$

Mit großen Zahlen über die Hunderter

39 **1** a) 260 + 300   b) 370 + 600   c) 390 + 600   d) 450 + 400   e) 250 + 600
         460 + 500   280 + 400   270 + 500   740 + 200   530 + 300
         180 + 700   650 + 200   670 + 200   660 + 300   410 + 500

2 a) 260 + 230   b) 520 + 360   c) 260 + 170   d) 420 + 290   e) 270 + 530
     320 + 550   340 + 480   440 + 390   740 + 170   460 + 350
     540 + 270   580 + 230   230 + 230   530 + 380   350 + 270

40 **3** a) 480 − 200   b) 740 − 600   c) 780 − 600   d) 850 − 400   e) 870 − 600
         850 − 300   830 − 200   620 − 300   940 − 300   830 − 400
         510 − 400   970 − 700   560 − 200   960 − 600   910 − 300

4 a) 490 − 210   b) 880 − 370   c) 340 − 150   d) 440 − 260   e) 730 − 340
     570 − 550   720 − 410   820 − 330   630 − 380   920 − 690
     840 − 320   580 − 360   740 − 260   810 − 460   830 − 560

5 Zeynep will sich ein Fahrrad kaufen. Es kostet 340 Euro.
Sie hat schon 200 Euro gespart. Wie viel Geld muss sie noch sparen?

6 Taner kauft sich ein Fahrrad zu 380 Euro. Opa gibt ihm 200 Euro dazu.

123

7 Bernds Fahrrad hat 390 Euro gekostet. Davon hat er 220 Euro selbst bezahlt.
Den Rest hat ihm seine Patentante geschenkt.

Erst Euro, dann Cent

$$3,6\ 0\ € + 2,1\ 0\ € =$$

45 **8** a) 3,60 € + 2,10 €   b) 4,80 € + 4,70 €
      4,70 € + 2,40 €   6,30 € + 2,90 €
      6,40 € + 1,80 €   5,60 € + 3,20 €
      4,80 € + 3,10 €   1,90 € + 6,70 €

3 € + 2 € = 5 €
60 Cent + 10 Cent =

9 a) 5,60 € + ___ € = 10,00 €   b) 6,40 € + ___ € = 10,00 €
     7,20 € + ___ € = 10,00 €   8,10 € + ___ € = 10,00 €
     4,70 € + ___ € = 10,00 €   3,30 € + ___ € = 10,00 €

10 Was bezahlen die Leute? Wie viel Geld bekommen sie zurück?
    a) Rolf hat 9 Euro.   b) Ina hat 12 Euro.   c) Taskin hat 8 Euro.
       Er bezahlt 6,50 Euro.   Sie bezahlt 10,80 Euro.   Er bezahlt 4,75 Euro.

11 a) 9,70 € − 3,40 €   b) 5,80 € − 2,90 €   c) 9,40 € − 2,70 €
      8,20 € − 4,10 €   3,70 € − 1,60 €   8,30 € − 6,50 €
      7,40 € − 5,20 €   8,60 € − 3,40 €   7,50 € − 3,80 €

Schriftliches Addieren

59 **1**

a)
H	Z	E
3	2	4
+4	5	3

669

b)
H	Z	E
4	6	3
+5	2	4

777

c)
H	Z	E
5	1	0
+2	6	9

779

d)
H	Z	E
4	6	2
+2	0	7

877

e)
H	Z	E
6	0	2
+2	9	5

987

2

a)
H	Z	E
3	4	9
+2	3	5

584

b)
H	Z	E
2	7	6
+3	6	2

609

c)
H	Z	E
4	2	9
+2	2	7

638

d)
H	Z	E
5	2	5
+2	9	4

656

e)
H	Z	E
3	3	8
+2	7	1

738

819

3

a) 345 + 233 = 499
b) 455 + 143 = 549
c) 253 + 246 = 559
d) 247 + 302 = 578
e) 421 + 332 = 598
f) 503 + 242 = 745
g) 345 + 434 = 753

779

4

a) 645 + 282 = 608
b) 306 + 427 = 621
c) 530 + 293 = 733
d) 405 + 367 = 772
e) 337 + 271 = 807
f) 520 + 287 = 823
g) 434 + 187 = 833

927

5 Schreibe untereinander, dann addiere.

a) 521 + 245
568 + 222
320 + 566
643 + 345

b) 429 + 321
236 + 475
307 + 89
309 + 379

c) 236 + 282
423 + 278
753 + 209
530 + 288

d) 457 + 352
743 + 79
530 + 208
883 + 67

258 396 518 688 701 711 738 750 766 790 809 818 822 886 950 962 988

6

a) 209 + 103
271 + 161
148 + 86
608 + 317

b) 588 + 397
237 + 263
160 + 209
409 + 365

c) 341 + 355
278 + 316
189 + 65
591 + 291

d) 264 + 216
388 + 306
379 + 293
371 + 389

e) 269 + 181
282 + 699
194 + 409
344 + 368

210 234 254 312 369 432 450 480 500 594 603 672 694 696 712 760 774 882 925 981 985

61 **7**

a) 283 + 217 + 296 = 667
b) 375 + 241 + 237 = 796
c) 253 + 173 + 241 = 824
d) 347 + 107 + 486 = 853
e) 237 + 640 + 104 = 931
f) 417 + 214 + 193 = 940
g) 104 + 233 + 594 = 981

999

8

a) 417 + 83 + 97 + 346
131 + 98 + 187 + 471
333 + 123 + 347 + 81

b) 323 + 178 + 83 + 374
407 + 213 + 98 + 261
375 + 207 + 183 + 96

861 884 887 943 958 979 987

64 **9** Addiere schriftlich.

a) 2,55 € + 6,85 €
1,59 € + 0,79 €
3,47 € + 1,12 €

b) 2,23 € + 4,76 €
4,58 € + 2,07 €
3,07 € + 4,15 €

c) 6,46 € + 3,09 €
2,17 € + 6,85 €
5,15 € + 3,95 €

2,38 €   3,29 €   4,59 €   6,65 €   6,99 €   7,22 €   9,02 €   9,10 €   9,40 €   9,55 €

124

Einmaleins der Zehner

 1
a) 4 · 60
6 · 60
8 · 60

b) 2 · 80
5 · 80
7 · 80

c) 3 · 90
7 · 90
9 · 90

d) 2 · 70
4 · 70
6 · 70

e) 3 · 50
5 · 50
7 · 50

120   140   150   160   240   250   270   280   350   360   400   420   480   560   630   810

2
a) 7 · 60
5 · 30
6 · 80

b) 7 · 70
4 · 80
9 · 70

c) 9 · 50
5 · 90
8 · 20

d) 6 · 90
8 · 80
9 · 40

e) 3 · 80
7 · 40
9 · 30

150   160   240   270   280   320   360   420   450   450   480   490   540   630   640   740

3
a) 240 = __ · 80
480 = __ · 80
640 = __ · 80

b) 240 = __ · 60
480 = __ · 60
640 = __ · 80

c) 700 = __ · 70
350 = __ · 70
630 = __ · 70

d) 360 = __ · 90
630 = __ · 90
810 = __ · 90

4
a) 540 : 60
400 : 40
150 : 30

b) 350 : 70
80 : 20
180 : 90

c) 160 : 40
280 : 70
250 : 50

d) 240 : 30
480 : 80
140 : 20

e) 150 : 50
360 : 40
270 : 90

Schriftliches Subtrahieren

 5

a)
H	Z	E
8	8	4
− 3	3	8

b)
H	Z	E
7	4	5
− 5	6	3

c)
H	Z	E
4	3	8
− 1	4	5

d)
H	Z	E
9	0	4
− 7	7	2

e)
H	Z	E
6	5	4
− 5	1	8

132   136   182   293   546

6
a) 725
− 218

b) 826
− 354

c) 917
− 555

d) 635
− 318

e) 412
− 275

f) 704
− 531

g) 623
− 281

137   172   173   317   342   362   472   507

7 Rechne zur Probe die Umkehraufgabe.
a) 746
− 461

b) 805
− 471

c) 962
− 637

d) 834
− 357

e) 705
− 438

f) 804
− 438

g) 713
− 374

257   267   285   325   334   339   366   477

8
a) 614
− 352

b) 352
− 185

c) 780
− 159

d) 812
− 657

e) 503
− 194

f) 800
− 436

g) 644
− 397

145   155   167   247   262   309   364   621

9 Schreibe untereinander und subtrahiere.
a) 734 − 212
987 − 765

b) 608 − 253
747 − 89

c) 715 − 46
321 − 107

d) 802 − 289
437 − 198

214   222   239   355   493   513   522   658   669

10
a) 9,85 € − 3,76 €
4,17 € − 2,25 €

b) 8,70 € − 3,05 €
4,98 € − 2,17 €

c) 9,46 € − 3,75 €
8,73 € − 6,98 €

1,75 €   1,92 €   2,81 €   5,65 €   5,71 €   6,09 €   7,09 €

Multiplizieren und Dividieren von Zehner-Einer-Zahlen

97 **1**
a) 4 · 11 b) 3 · 14 c) 18 · 3 d) 19 · 5 e) 18 · 5
   5 · 12   5 · 17   17 · 7   16 · 7   14 · 7
   7 · 13   2 · 16   12 · 8   18 · 9   11 · 8

22   32   42   44   54   60   85   88   90   91   95   96   98   112   119   162

2
a) 4 | 6 | 8 · 14 | 17 | 12
b) 3 | 5 | 8 · 13 | 15 | 18

36   39   45   48   54   56   65   68   72   75   84   90   96   102   104   112   120   136   144

99 **3**
a) 4 · 21 b) 4 · 32 c) 5 · 54 d) 6 · 73 e) 6 · 47
   5 · 25   6 · 34   3 · 56   5 · 75   9 · 58
   3 · 24   5 · 37   8 · 58   7 · 77   7 · 89

72   84   125   128   168   178   185   204   270   282   375   438   464   522   539   623

4
a) 74 · 3 b) 43 · 4 c) 83 · 5 d) 64 · 3 e) 94 · 5
   37 · 5   37 · 3   65 · 6   48 · 6   72 · 8
   65 · 4   24 · 6   83 · 4   53 · 7   55 · 4

111   144   172   185   192   220   222   224   260   288   332   371   390   415   470   576

5
a) 4 | 6 | 9 · 26 | 43 | 64
b) 3 | 5 | 8 · 35 | 52 | 73

104   105   106   156   156   172   175   219   234   256   258   260   280   365   384   387   416   576   584

126

---

104 **6** Petra lässt acht Urlaubsfotos nachmachen.

7 Vom Schulfest bestellt Klaus für sich sechs Bilder.

8 Sabines Eltern wollen fünf Bilder vom Schulfest kaufen.

9 Die Lehrerin bestellt für Ayse vier und für Jutta fünf Bilder.

10 Frau Klein lässt für die 3a fünf Bilder vergrößern.

11 Erika hat für ihre Fotosammlung drei Vergrößerungen bestellt.

12 Alis Eltern bestellen sechs normale Bilder und drei Vergrößerungen.

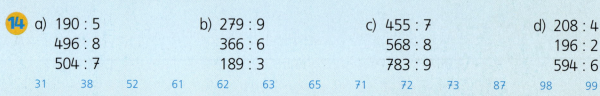

Foto-Shop

Abzug 9 x 13
49 Cent

Vergrößerung
78 Cent

2,34 €   2,45 €   2,90 €   2,94 €   3,90 €   3,92 €   4,41 €   5,28 €

---

111 **13**
a) 86 : 2 b) 51 : 3 c) 48 : 4 d) 65 : 5 e) 99 : 3
   74 : 2   45 : 3   64 : 4   95 : 5   72 : 4
   58 : 2   78 : 3   96 : 4   66 : 6   84 : 6

11   12   13   14   15   16   17   18   19   24   26   29   33   38   37   43

14
a) 190 : 5 b) 279 : 9 c) 455 : 7 d) 208 : 4
   496 : 8   366 : 6   568 : 8   196 : 2
   504 : 7   189 : 3   783 : 9   594 : 6

31   38   52   61   62   63   65   71   72   73   87   98   99